今こそもっと自由に、気軽に行きたい！

海外テーマ旅

小林 希

幻冬舎

どこに行きたいか、何をしたいか。

自分の心赴くままに、好きなように設計できると言われたら、あなたはどんな「旅」を思い描きますか？

私が旅を設計するときは、2パターンあります。一つは、行ってみたい場所があって、そこで一つだけやりたいことを決めて行くという旅。もう一つは、したいことがあるから、それができる場所へ行くという旅。

たとえば、ウズベキスタンに行ってみたいと思って、だったら「シルクロードの街で工芸品を見る」と一つだけしたいことを決めます。あるいは、「とことん雑貨を買うだけの旅がしたい」から、雑貨が可愛いと噂に聞くバルト三国へ行こうと決めます。

では、具体的に中身をどう設計していくのかというと、実は、ほとんど決めないことが多いです。ただ、「ここで、これをする」「これをするために、ここへ行く」と決めてさえいれば、不思議なほどに十分濃厚で、かくも面白い旅ができるものだと感じています。

ウズベキスタンでは、シルクロードの隊商（キャラバン隊）が立ち寄ったオアシス都市をめざし、工芸品にたっぷりと触れる旅をしていたら、思いがけず近くの砂漠へも足を延ばすこととなり、地上から湧き出るような星空を観ることができました。バルト三国では、雑貨をめぐると決めていたので、観光は三の次くらい。おかげで、ハンドメイドの雑貨を作って売る地元の方々と、たっぷり触れ合える時間を楽しめました。

もちろん、私が旅慣れしているのはあるでしょうが、初めて海外へ行かれる方にこそ、行程を決めすぎない旅をおすすめします。

個人旅行でも、海外旅行のパッケージツアーでも、予定をぎっしりと入れずに、できるだけ自由度の高い設計にするほう

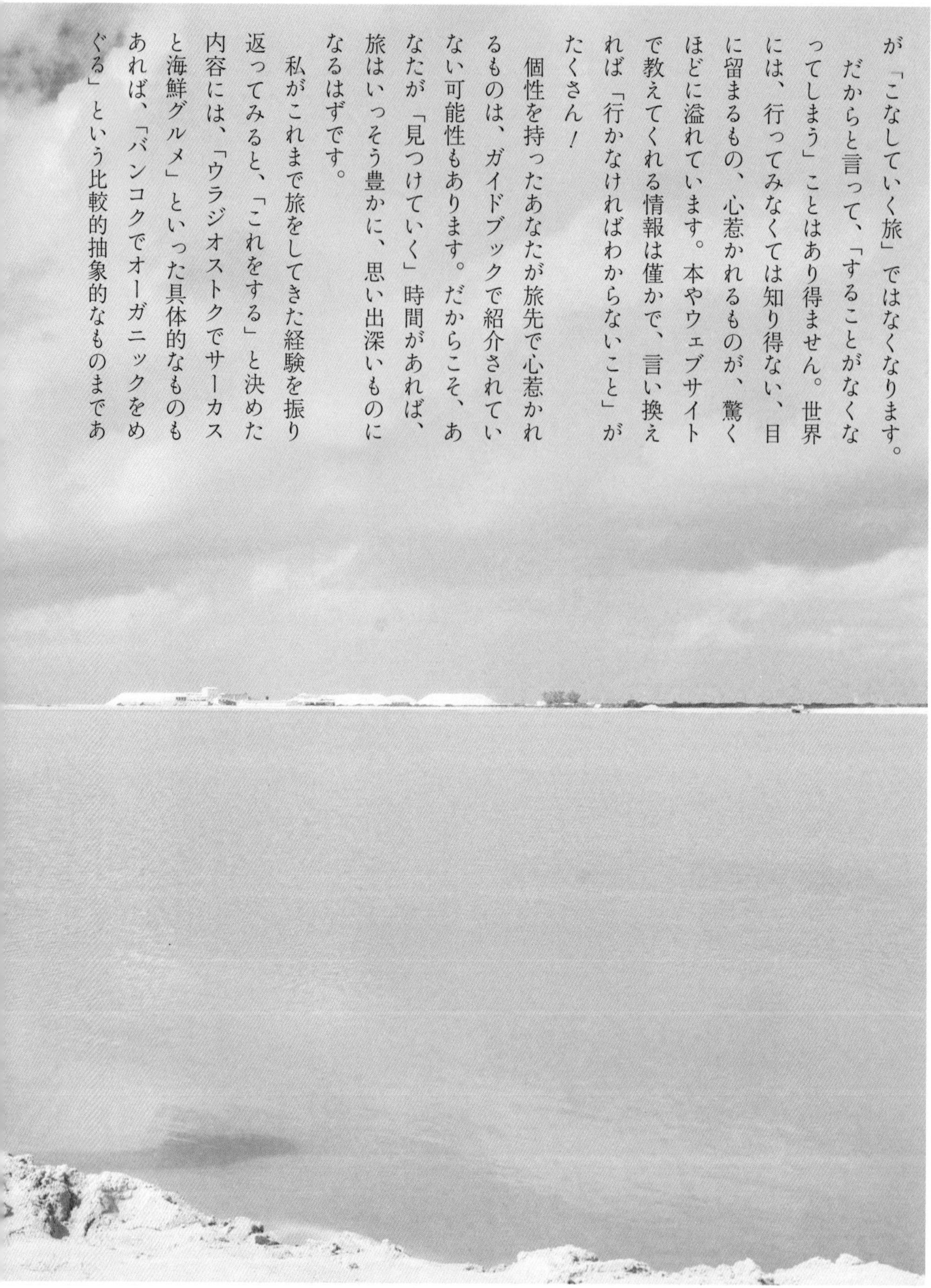

が「こなしていく旅」ではなくなります。

だからと言って、「することがなくなってしまう」ことはあり得ません。世界には、行ってみなくては知り得ない、目に留まるもの、心惹かれるものが、驚くほどに溢れています。本やウェブサイトで教えてくれる情報は僅かで、言い換えれば「行かなければわからないこと」がたくさん！

個性を持ったあなたが旅先で心惹かれるものは、ガイドブックで紹介されていない可能性もあります。だからこそ、あなたが「見つけていく」時間があれば、旅はいっそう豊かに、思い出深いものになるはずです。

私がこれまで旅をしてきた経験を振り返ってみると、「これをする」と決めた内容には、「ウラジオストクでサーカスと海鮮グルメ」といった具体的なものもあれば、「バンコクでオーガニックをめぐる」という比較的抽象的なものまであります。ときには、「なにもしないぞ！」という旅まであります。それでも、旅先で自分が何をするのか明快に腹落ちしていれば、心許ない不安も減り、まして誰かに連れていってもらうだけの旅ではなくなるように思います。

　これは、旅だけでなく、日常生活でも同じことかもしれません。「テーマ」を持たせることは、自分の意識や行動でどう舵をきるか、その指針となります。テーマは縛るものではなく、あくまで指針です。

　本書は、ガイドブックではありません。私のこれまでの、テーマや「これをするぞ！」と決めて訪れた国や街をご紹介しています。ですので、皆さんが欲しい情報が足らない場合がありますが、ご容赦ください。なにより、こんなふうに旅を設計している旅人がいるのかと、一緒に面白がって楽しんでいただき、みなさんの旅の参考になれば嬉しいです。

もくじ

※本書は旅の仕方の参考としてお読みください。
※本書には、一部最新情報を記載していますが、基本的には著者が旅と取材をした当時（2013年～2019年）のものです。
※推奨滞在日数と予算はあくまで著者の体験（個人旅行）を参考に算出しています。
※読者の皆さんが旅される季節（オンシーズン・オフシーズン）や世界情勢などによっても本書とはさまざまな状況が異なる場合があります。

こんなところに行ってきました！

世界地図

身近なアジアから、
ちょっと
足を延ばして
中南米や
ヨーロッパまで。
これがしたい！
と決めてから
旅に出ると、
いつもの旅行が
もっと楽しく
なってきます。

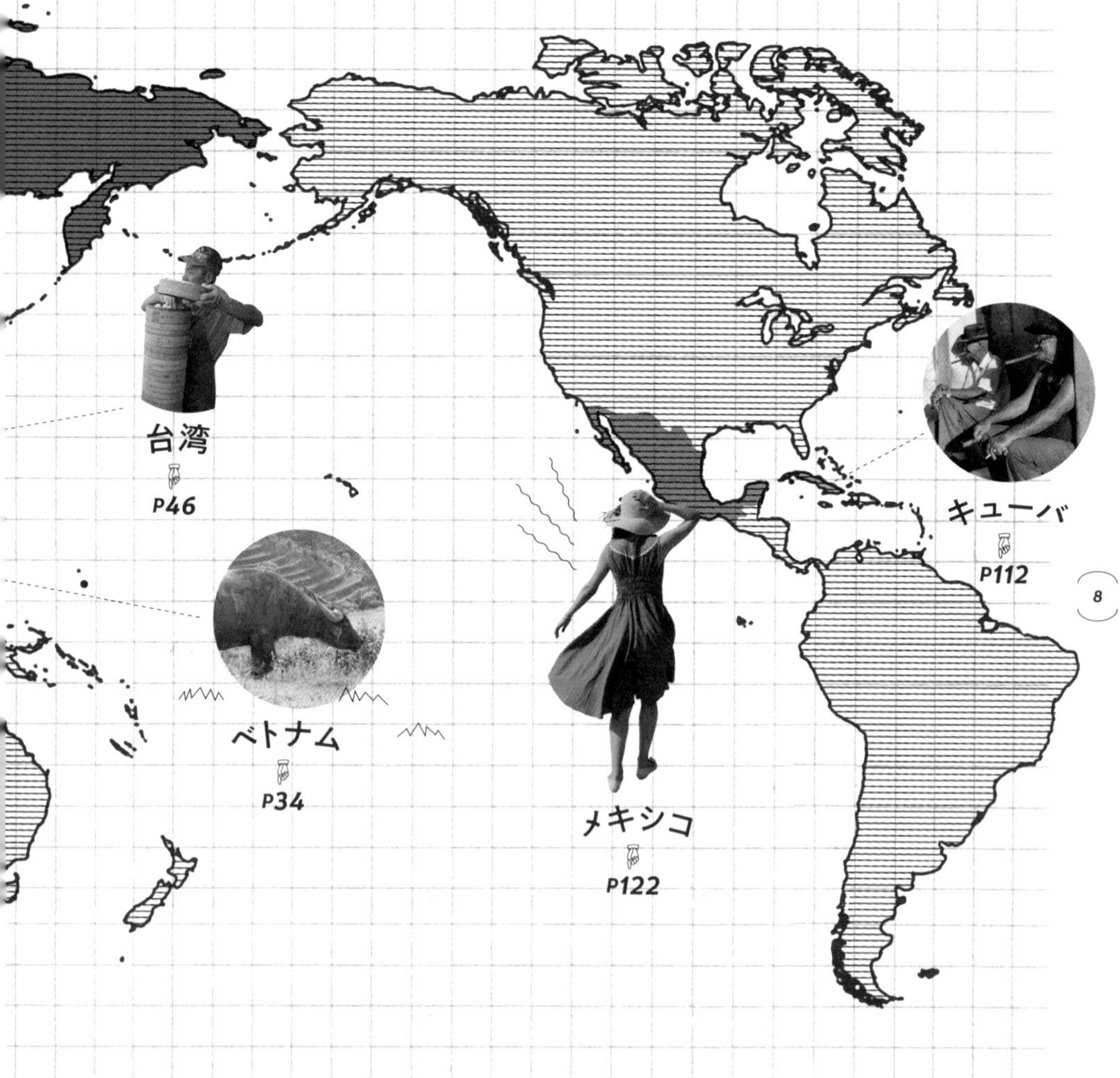

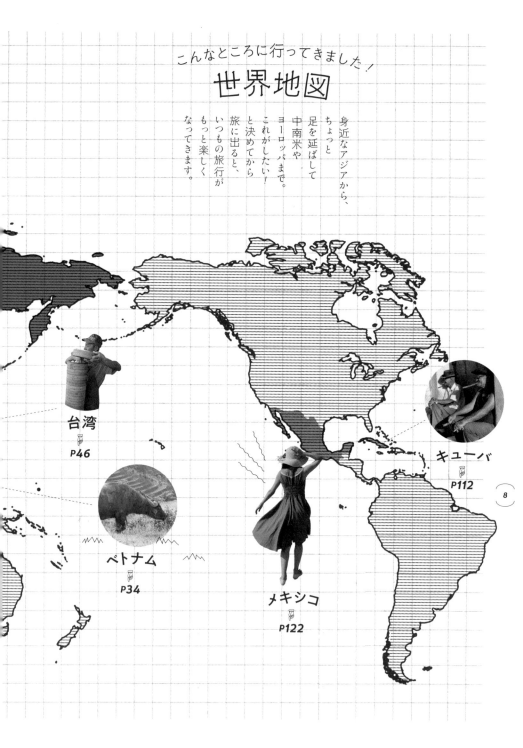

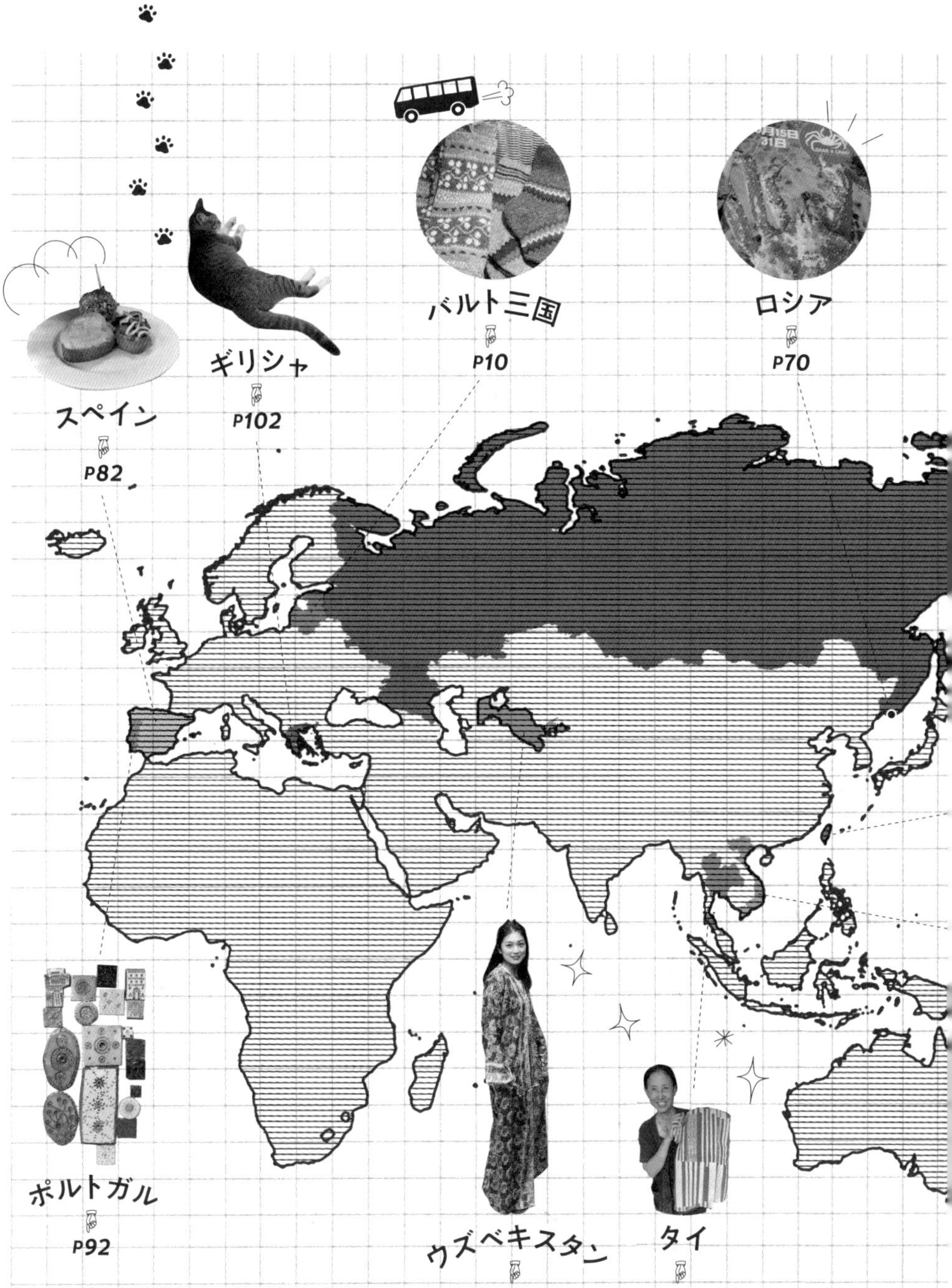
スペイン
P82
ギリシャ
P102
バルト三国
P10
ロシア
P70
ポルトガル
P92
ウズベキスタン
P22
タイ
P58

中世のおとぎの国で心躍る出会い

バルト三国

（タリン／リガ／ヴィリニュス）

雑貨をめぐるバス旅

ソ連時代の面影残る、古き良きヨーロッパで心ときめく雑貨にまみれる！

DATA

中世やソ連時代など、当時の面影がミックスされた独特の雰囲気が魅力の国々。海や森が身近にあり自然が豊か。バルト三国の各都市の旧市街はどれも世界遺産に登録されている。

推奨滞在日数／予算

5泊7日～／25万円～（※食費、お土産代はのぞく）

日本からフィンランドのヘルシンキまで飛行機で約10時間、ヘルシンキで乗り換えてタリン空港まで約30分。ヘルシンキからフェリーの場合約2時間。バルト三国間はバス移動が便利。バスの予約はEUROLINESなどのHPで。

赤い屋根が寄り添う可愛い家、街からにょきっと突き出る尖塔、厳かに鳴りひびく教会の鐘。小さな旧市街には石畳が広がり、歩くにつれ、ぐーんと時間が逆戻りをはじめ、中世の時代にふわりと降り立ったような錯覚に陥ります。

とある家の灯に導かれ、ぎしりと扉を開くと、ぱっと広がるのは温もりある雑貨の山。「いらっしゃい」と、鼻の大きい猫のぬいぐるみを縫いながら、おばあさんが迎え入れてくれました。魔法の国で、宝の在り処にたどり着いたかのように、興奮冷めやらず。そしてまた一軒、また一軒と、その繰り返し。そうしているうちに、観光名所や地元の人に出会い、美味しいご飯を楽しみ、スーツケースには雑貨とともに思い出がたくさん詰まっていきます。

Tallinn

ぬくもり満点のハンドメイド雑貨に心躍る タリン

バルト三国へ入る玄関口の街。2・5メートルの城壁に囲まれた旧市街は世界遺産で、中世ハンザ都市の影響を受け、建築などに当時の面影が強く残る。観光の見所と、メイド・イン・エストニアの雑貨類を売るお店が集中しています。旧市街の外れ、倉庫をリノベーションしたTelliskivi Creative Cityも雑貨が豊富でオススメ。

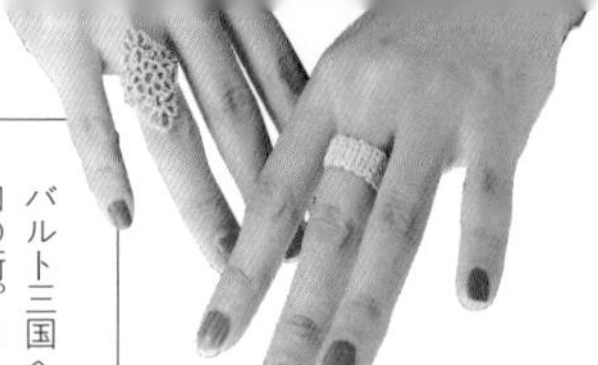

雑貨屋Decoで買ったコットン製の指輪は、旅の最中からはめてご機嫌

MEMO

ヘルシンキから一気に雰囲気が変わって、バルト三国らしいおとぎの世界が広がるタリン。旧市街では雑貨をめぐり、トームペアの丘から街を一望したらもう十分満足！

伝統的な衣類や手作り雑貨を売るEstonian Handicraft Houseの手編みセーターはとっても暖かく、デザインも可愛い。Decoではルームシューズ、道すがら入った雑貨屋さんでピアスも購入。買ったその日から使い始めるのが楽しい！

オーガニックシャンプー&コンディショナーもパッケージが可愛い

可愛い編み物に釘付け

ヘルシンキから船でバルト海を渡り、エストニアの港町タリンへ。宿は、旧市街のシンボリックな旧市庁舎があるラエコヤ広場から近く、散策には便利。ラエコヤ広場から東に延びるヴィル通りがメインストリートですが、どの通りも映画のセットのように可愛らしくまとまり、あてもなく散策すると心躍ります。中世、ハンザ同盟の法律によって住宅の正面は道路に面するように建てられていて、3人姉妹と呼ばれる3つ横並びの家をはじめ、ピック通りはその頃の面影が色濃く残っています。西側のトームペアの丘には13世紀にデンマーク王が築いた城跡があり、展望台からは一枚の絵を眺めるようにして、バルト海を背

異国の宝箱を開けるように

Estonian Handicraft Houseの地下。手編みのセーターのほか、マフラーや手袋など寒い国ならではのアイテム多し。冬シーズンが待ち遠しくなります。

聖ニコラス教会の西側の雑貨屋さんで。エストニア人アーティストによる手作り。Fe galeriiという陶器屋さんもオススメ。

Decoの中は手作り以外にも、エストニアやヨーロッパ内の可愛い雑貨が勢揃い。繊細に編まれたコットンの指輪はこのお店だけで見ました。

私の手編みセーターよ

街にある雑貨屋さんでは、それぞれの店が個性的な商品を売っています。ぬいぐるみも心惹かれる可愛いものがたくさんあります！

景にした旧市街を見渡せます。

タリンでは、ひっそりとした佇まいの雑貨屋さんがほとんど。看板を見つけて入ると、心ときめく手作り雑貨のオンパレード。コットン、ウール、フェルト、リネンを使ったオリジナルアイテムが勢揃い。Decoという雑貨屋さんではコットンの指輪を、Estonian Handicraft Houseの地下では手編みのセーターを購入。聖ニコラス教会の西側にある小道では、お皿やアクセサリーを売る可愛い雑貨屋さんが軒を連ね、何度も吟味して、猫柄のお皿を購入。どれも民芸品というよりは、個々の家庭で手作りしたぬくもりある雑貨という印象です。だから手に取ると、ちょっと懐かしくなるし、心がほっこりとします。8ユーロでぶさかわな猫のぬいぐるみに、旅の相棒になってもらうことにしました。

Riga

中世ドイツの雰囲気に浸れるリガでハマる雑貨に出会う

リガ

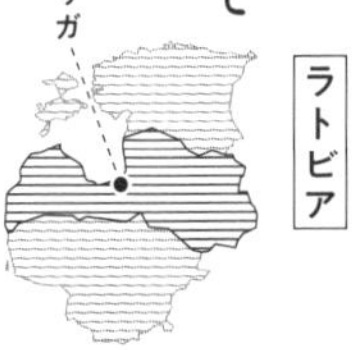

MEMO

リガでは、蜜蠟キャンドル、ミトン、STENDERSの香り系コスメの3点をしっかり押さえればよし。質はイマイチでも安く可愛いミトンを買うなら土産物屋で。

バルト海の真珠と呼ばれる美しい港町。ユーゲントシュティール様式（ドイツ語でいうところのアールヌーボー）の凝った装飾の建築があちこちで見られます。中世、ドイツ人によるバルト地方征服の根拠地となり、とくにドイツ商業都市の特徴が際立つハンザ同盟時代の面影が残っています。1日あれば旧市街をゆっくり歩ける規模感。

旧市街で探してみて！

姉妹都市ブレーメンから送られた音楽隊像

サンタクロースの蜜蠟キャンドルは12ユーロで。ラトビアははちみつ大国。多種類の花から採った色の異なるはちみつも観光客に人気。街のスーパーやリガ中央市場でもはちみつが売られています。蜜蠟キャンドルは1ユーロからあり！

伝統民族衣装も売っているよ！

心ときめく出会い

タリンからバスに乗って、自然豊かなラトビアの首都リガへ。バルト三国の中でもっとも大都市ですが、旧市街を歩けばタリン同様に城壁跡や石畳が広がる通りなど、中世の頃の面影があり、夜はノスタルジックな雰囲気に包まれます。歴史的には、13世紀にブレーメンの僧正アルベルトが要塞を築いて始まった街で、ハンザ同盟加盟後は、商人たちが活躍して急速に発展、「バルトのパリ」と呼ばれるほど壮麗な街になっていきました。一度荒廃するも、ソ連時代に街は復興を遂げています。旧市庁舎広場を囲む建造物やバルト三国最古の建造物の一つであるリガ大聖堂など、歩くだけで十分に街がたどった歴史の重みを感じることができます。

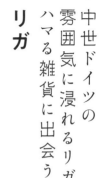

STENDERSで買い揃えた、ボディヨーグルトクリームやヘアオイル、ディフューザー、アロマオイル。品の良い香りなのに安いのが嬉しい！

いい香りに包まれながら

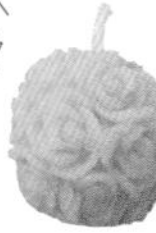

カタチに自信アリ！

STENDERSでは扉を開くと、ふわっと華やかな香りに包まれます。大阪にも1店舗あるそうですが、本場は値段が3分の1なうえ種類も豊富！

聖ペトロ教会すぐ裏の蜜蠟キャンドルや石鹼を売るMedus istaba。滞在中何度も足を運びました。はちみつ入りのリップクリームなどお土産にお手頃なものも。

上質なミトンを扱うTautas terpu centrs sena kletsでは、ミトンの歴史や伝統についての案内パネルもあり。他のお店よりも高価な分、質もよくてデザインが豊富！

さて、宿は旧市街の南に取り、それが運良くどハマりした雑貨屋Medus istabaの近く。そこは、蜜蠟キャンドルや石鹼、はちみつを売るお店です。はちみつはラトビアの特産品。蜜蠟で型取りしたねずみや牛、サンタクロースなど可愛いキャンドルを眺めるうちに、一つ、また一つと日本へお連れすることに。ところで、ラトビアでもっとも有名な雑貨は伝統模様が入ったミトンです。実は値段が高く、物価の安いラトビアでは高級品扱い。日用品というよりは芸術作品という感じで飾りたいほど素敵！

散策中に見つけた香り系ブランドのSTENDERSは、とくにヘアオイルが大ヒットで、髪の毛がさらさらに。もちろん旅の最中に使いはじめて、いつもいい香りに包まれ、ご機嫌なのでした。唯一、大量買いしておきたかった逸品です。

レトロとモダン、多彩で豊富な雑貨が魅力 ヴィリニュス

バルト三国で唯一内陸にある首都で、海風はなくとも穏やかで優しい雰囲気。中世からドイツ商人の影響を受けず、華やかなバロック建築の多さが特徴。教会は道を曲がれば必ず出くわすほど多い。日本のシンドラー杉原千畝の功績により、親日国家と言われています。

世界でここだけ！

Jurateで購入したリネンと革をコラボさせたセンスのよいトートバッグ

MEMO

最低1泊はしてゆっくりと雑貨をめぐりたいヴィリニュス。タリンやリガとは別のお洒落な雑貨が多い。物価はバルト三国で一番安い。古着屋さんもいくつかあるので要チェック。

とてもお洒落なデザインのリネン製品店Jurate。リネンで生地を織っていくところから、完全ハンドメイドの一点ものです。リトアニアは上質なリネンの生産地。中世の頃よりリネンを育て、亜麻を紡いできた伝統ある工芸品！

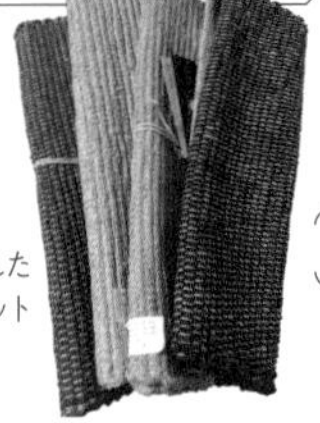

リネンで作られたランチョンマットはお土産に！

物価の安さに爆発！

リトアニアの首都ヴィリニュスまで、リガからバスで移動。石畳が広がる旧市街は、欧州で最大規模だそう。公共交通機関がなく徒歩で散策するしかありませんが、柔らかな印象の建築が多く、タリンやリガよりもさらに優しい雰囲気で心落ち着きます。過去に旧ソ連の秘密警察（KGB）により多数のリトアニア人が拷問・処刑された悲劇を語り継ぐ博物館もあり、軽やかな空気に秘められた歴史にもはっとさせられます。

雑貨めぐりは、旧市街の拠点となる市庁舎広場の近くに宿を取っておくと便利。ピリエス通りから市庁舎広場へ続くディジョイ通り、市庁舎広場東西に延びるサヴィチアウス通りとステイクリュ通り、オールセインツ教会近くのルードニンク公園周辺

クリスマスのオーナメントがたくさん売られていた雑貨屋INTERI OUS。リトアニアと書かれた小人が可愛い。

脈々と継承されるモノ

Linen Talesで見つけたリネンの赤いワンピース

旧市街で見つけた古着屋さん。日本にはないデザインのセーター類もたくさんあります。ただ、頭が入らないものも！　涙

セレクトショップŠarkaはお店全体がおもちゃ箱のよう。ビンテージのアクセサリーは2ユーロから。レトロで、ときめくものがいっぱい！

に魅力的な雑貨屋さんが点在しています。

　バルト三国はリネン製品が有名ですが、私のリネン熱が爆発したのはヴィリニュスで。衣類やバッグ、エプロンなど、どれもセンスがよく質もよし。何度か足を運んだLinen Talesは正統派なデザインでお土産向きだし、Jurateはデザイン性が高い一点ものが光ります。Šarkaというセレクトショップでは、オーナーのマダムがデザインした服や古着、ヨーロッパで買い付けた雑貨やアクセサリー、ソ連時代のアンティークも。心惹かれるものに出会えた瞬間はまさに一期一会。ヴィリニュスでは、伝統を大切にしつつもモダンで、リトアニアらしいデザインと上質なクオリティ、それに対してのお手頃価格にどハマりして、財布がゆるゆるになったのでした……。

旅で一番お世話になるのは、実はバスかもしれない

旅人にとって、国境を陸路で越えていくのは旅の浪漫が感じられる最たるもの。「エストニアのタリンから南へ、バルト三国をバスで周遊する」と聞くだけで、どこかワクワクとしてきます。大陸をしっかりと縦断している感覚は、このうえない旅情をもたらします。

同時に、飛行機と違って、よりローカルな公共交通機関になるほどチケット購入に戸惑います。大抵はエージェントやバス乗り場まで行き、予約するのが無難ですが、今やネットで簡単に購入ができ、E-チケットがメールで送られてきます。それを乗車時に見せればOK。なんて楽チン！　おかげで、タリン〜リガ〜ヴィリニュスはすべて長距離バスで、スムーズに移動できました（各バス乗り場までは、宿からタクシーで）。

お世話になったのはEUROLINESやLUX EXPRESSという会社のバスで、予約はHPから直接可能。バスの外装ではこれでもかというほど「Wi-Fi」「メディア」「コンセント」など手厚いサービスをアピール。時間にも正確で、シートは飛行機のビジネスクラス並。空いていれば、一人でゆったりと2席を使うことも可能です。

乗り込む前に売店で買ったポテチと飲み物、本を取り出し、移動中も満喫。時折外を眺めると延々と林が続き、小屋が心もとない感じで点在しています。

バスはぬくぬくとしていますが、外気温は5度以下。私が旅したのは、日本の真冬のような冷え冷えとした寒さ漂う11月半ばでした。あと1ヶ月もすれば、雪景色に変わるそうです。

バルト三国は、夏は夜遅くまで太陽が顔を見せますが、初冬は朝8時頃に夜が明け、太陽を拝める時間帯も夕方4時頃まで。窓の外は夕暮れを迎え、着く頃にはオレンジ色の街灯に包まれた街がお出迎えしてくれました。陸路で国境を越え、たどり着けば言葉も街の雰囲気も違う別の国。このうえない浪漫と旅情を感じるバス旅なのでした。

覚えておきたい、旅のメモ

ヘルシンキからタリンへ船で行くには、事前にネット予約が便利。予約後、チケットが携帯に送られてくるので、乗船手続きも楽チン。船は広くて豪華。指定席はなくどこに座ってもOK！　タリンの港からは徒歩約10分で旧市街の入り口「ふとっちょマルガレータ」に着きます。タクシーもあり（メーターなので安心）。

タリン駅を挟んで旧市街の反対側にあるBalti Jaama Turgというマーケットでは、地元の食材やご飯が勢揃い。2階にはソ連時代のアンティークなどもところ狭しと売られています。

旧市街を歩くだけで心躍る

物価はタリン、リガ、ヴィリニュスの順に安くなりますが、ハンドメイドは一点物。気に入ったらぜひ購入を！

旧市街の中は治安はよいほう。ただし市場など人が多いところは盗難に注意！

雑貨のある所に出会いあり

ヴィリニュスのLinen Talesは旧市街に2店舗あり、免税はどちらのお店で購入してもレシートを合わせて75ドル以上になれば申請できます。ただし、レシートの日にちが違うと合算できなくなるので注意！

旅のアルバム

グレーピースという豆をベーコンと一緒に煮込んだラトビア料理。私がバルト三国の郷土料理で好きになった一品。

幻想的なリガの夜。バルト三国の旧市街はどこも宵闇の世界にうっとりとします。ぜひお散歩してみて！

Medus istabaの蜜蠟＆はちみつ入り石鹼。見た目もおしゃれで、はちみつの香りがふんわりとします。1ピース3.6ユーロ。

タリンの小さな旧市街では何度も同じ道を歩く。Fe galeriiをはじめ、ふらっと入ってみると心ときめく雑貨屋さんばかり。

タリン旧市街はずれの旧工業地帯にあるTelliskivi Creative City。デザイナーズショップやおしゃれなカフェがいくつも。

Balti Jaama Turg 2階のアンティークショップ。旧ソ連時代のものなど掘り出し物が見つかりそう。

リガの街中にあるお土産屋さんでは、ミトンや靴下など可愛くて暖かそうなアイテムがたくさん売られています。

リガ中央市場。ここに来れば地元の食材や生活用品がまるわかり。はちみつも売られているので、購入してみては。

タリン旧市街にある旧貯蔵庫を改築した雰囲気あるレストランVanaema Juures。日本では珍しいゴートチーズサラダがうまし。

MEMORIES

リガのTautas terpu centrs sena kletsのミトン。高価だけど、そこらの土産物屋のミトンとは質の違いが一目瞭然。

ヴィリニュスで感動した、伝統料理を芸術的な創作料理にしたレストランErtlio Namas。コースのみ。必ず行くべし！

STENDERSのバスボム。お風呂に入れると、アロマ系の香りに包まれます。置いておくだけでも、いい香り。

ヴィリニュスの旧市街もまた徒歩でらくらく歩けます。目に留まる光景がどこもフォトジェニック。

ヴィリニュスで見つけて入った猫カフェKacių Kavinėの猫さん。日本とは違い、猫の傍で本格的な料理もいただけます。

タリンで買ったセーターとアルパカの毛で編んだヘアバンド。どちらもとっても暖かい。

ヴィリニュスで有名な革製品屋Sirena。職人のお父さんが作る革バッグがシンプルで素敵！　価格も手頃です。

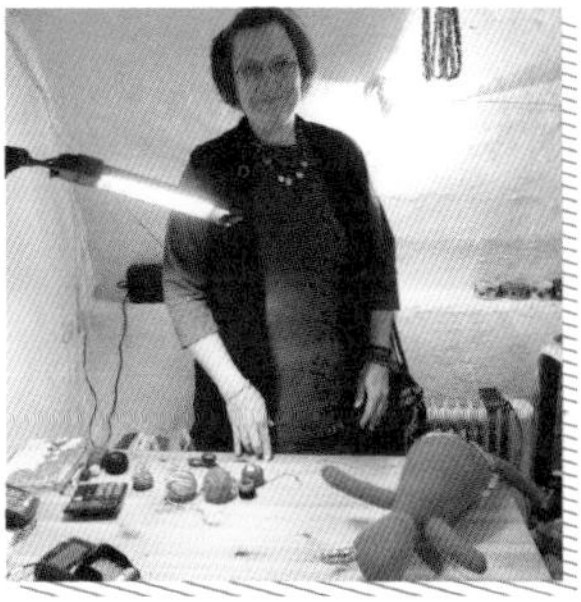

Estonian Handicraft Houseのぬいぐるみを作っていたお母さん。足の長さが違うなど、手作り感たっぷり(笑)。

タリンの土産物屋にあったフェルト生地。タリンやリガでは可愛いフェルト製品もたくさん売っています！

旅人の浪漫が詰まったオアシス都市へ

ウズベキスタン

（ブハラ／ヒヴァ／アヤズカラ）

砂漠の街で 工芸品に 出会う旅

東西を結ぶ
シルクロードで
代々続く
職人の手仕事を見る

DATA

旧ソ連に属した中央アジアにあるウズベキスタンは、首都タシケントから東部の砂漠の街まで距離にして約1000キロ離れている。イスラム国家で、挨拶は「アッサラーム」。胸に手をあて感謝や敬意を表す姿によく出会う。

推奨滞在日数／予算

5泊7日～／20万円～（食費、お土産代はのぞく）

✈

東京から首都タシケントまでは韓国の仁川などを経由するか、週数便、直行便もある（冬季はなし）。タシケントからヒヴァ（ウルゲンチ空港）やブハラへは飛行機や列車で行ける。ただし曜日により運休しているので要確認。

かつてユーラシア大陸には西のローマ帝国から東の漢を行き来する交易路が3つありました。遊牧民スキタイ族の活動域を通る草原の道と、紅海やインド洋を通る海洋航路、そして狭義的に「シルクロード」と言われる中央アジアの砂漠を通るオアシスの道。

ヒヴァやブハラなどは、シルクや宝物を運ぶ隊商が通過するシルクロードの街として栄え、青にきらめく美しいモスクやミナレット、神学校などが建設されました。チンギス・ハーンや帝政ロシアの征服と破壊を受けながらも、長い時のなかで復興を遂げて、今街に残るのは中世の面影。随所で出会える職人の手工芸品は、眺めるだけでも悠久の時に思いを馳せることができ、とびきりの浪漫を感じます。

Bukhara

キャラバン隊の記憶を留める街の工芸品 ブハラ

MEMO

期待以上に優しいウズベキスタン人。工芸品をめぐるときは、ぜひ職人さんに声をかけて交流してみるべき。脈々と守られてきた伝統工芸品を作る技術は、彼らが誇るべきもの。

シルクロードの交易地のみならず、イスラム世界全体の文化的な中心地でもあったブハラ。観光は旧市街がメイン。1日で歩いて回れるほどの規模感で、中心はラビハウズという公共貯水池。周辺にはカフェや土産物屋も多い。旧市街の端にあるアルク城はおもちゃのように可愛らしい。

隊商が運んだというアクセを真似て作った年代ものピアス。Babaev Dilmurodで

コウノトリのハサミはブハラを代表する伝統工芸品。街中にはいくつか工房があり見学も可能。私はタキ・テルパクフルシャンの工房Blacksmithを見学しました。基本的に工芸品は世代ごとに受け継がれているところが多いようです。

ずらりと並ぶと圧巻の美しさを見せる絨毯をご覧あれ！

ウズベチカに憧れて

広大なキジルクム砂漠へと入り、オアシス都市の拠点ブハラに到着。レンガ色や砂色の街には乾いた風が吹き、砂埃が舞います。13世紀にチンギス・ハーンに破壊され、16世紀のシャイバニ朝で再建。今のカラーンモスクやミナレット、マドラサなどに美しい姿を残しています。16世紀に建造されたバザールや隊商宿があったタキという建物は3箇所あり、今は土産物屋として賑わっていますが、中世の時代の面影を色濃く感じられる見所。同時に、交易地として発展していった商業などの産業の歴史を、代々脈々と続く伝統工芸品に見ることができます。

タキの中で、コウノトリ形のハサミを作るBlacksmith「6代目」の職人さんに作業を見学さ

世界に誇る美しい工芸技術

UZBEK NATIONAL CLOTHESで選んだ手織りのアドラス柄の布で仕立てたワンピース。約2〜3時間で。1着80ドル〜と手軽な価格。耳には、Babaev Dilmurodで買った伝統柄ピアスも。

シルクを染色する過程も見せてもらった絨毯屋のAladdinは、かつて隊商が泊まった宿だったそう。個室は今、絨毯を織る部屋になっています。

ブハラでもっとも夜景が美しいカラーンモスクとミナレット、ミル・アラブ・メドレセ（神学校）。向かいのカフェでひと休みしながらロマンチックな夜を過ごす。

ウズベキスタンを旅すると、伝統工芸品のアドラス柄の布はどこでも見かけますが、ブハラはデザインも質もいい感じ。価格は交渉で決まります。

せてもらいました。ちょっと汚れた、太い指。それが物語る先代から継承された技術。大小並ぶハサミ一つ一つに命が吹き込まれ、パタパタと羽ばたいていきそうです。ブハラは昔から地下水脈に恵まれ貯水池事業が発展し、数多くのコウノトリが集まりました。姿を消した今でも「福を招く」象徴の工芸品として存在し続けています。そして、「5代目」職人がいる絨毯屋Aladdinでは、シルクを染めた糸で女の子が絨毯を織っていく作業を見せてもらい、あげく「ここは隊商が泊まった宿だった」と聞いて大興奮！ また、姉妹店のUZBEK NATIONAL CLOTHESで、職人のお姉さんにアドラス柄の布でワンピースを仕立ててもらいました。これで私もウズベチカ（ウズベクの女の子）の仲間入り。ワクワクウキウキのブハラを満喫しました。

Xiva

美しい博物館都市を彷徨い歩く ヒヴァ

冒険心に駆られるよ！

「太陽の国」を意味するホレズム州にあり、年間300日が晴れているカラクム砂漠の中に築かれた街。二重城壁都市で、内城壁イチャン・カラと外城壁デシャン・カラがある。イチャン・カラの内部は博物館都市のようで、観光の中心。1世紀にはシルクロードの隊商が立ち寄るオアシス都市であったと言われています。1991年国内初の世界遺産に。

代々継がれるのは綱渡り芸も一緒だよ！

ヒヴァの庇護者であったパフラヴァン・マフムドの霊廟。中は青色のタイルに覆われ、幻想的。外観の青色のドームは街でもっとも目を引く美しさ。博物館都市と称えられるヒヴァの奥深さに感動！

MEMO

街並みから見ても、砂漠の街らしいヒヴァ。イチャン・カラの中は超小規模なので、簡単に道を覚えられるけれど、歴史的な建物を一つ一つ見るなら最低1泊は必要。

工芸品デザインの虜！

生活に溶け込む伝統

ブハラから夜行列車でヒヴァ駅まで移動しました。駅から歩いて行けるほどの距離にイチャン・カラの城壁があり、その姿はもはや違う惑星の街かと思える佇まい。すべてが砂のような質感で、クリーム色に作られ、アクセントカラーの青いタイルを使った建造物が街を華やかに彩っています。

ヒヴァは長い年月によって自然の地形が変化して、水に恵まれるようになってからはシルクロードの拠点の街として急速に発展しました。その富によって建造された20のモスクや6基のミナレット、20の神学校が小さなイチャン・カラにあり、かつての栄華を伝えています。

半日あれば徒歩ですべて見て回れる規模感もちょうどよく、のんびりと過ごすにはもってこ

イチャン・カラは東西南北に門があり、東門と西門をつなぐ通りがもっとも賑わうメインストリート。土産物などが賑やかに並ぶ東門は別名「奴隷の門」と言われ、中央アジア一の奴隷市場だったそうです。

計り知れない浪漫を心に抱いて

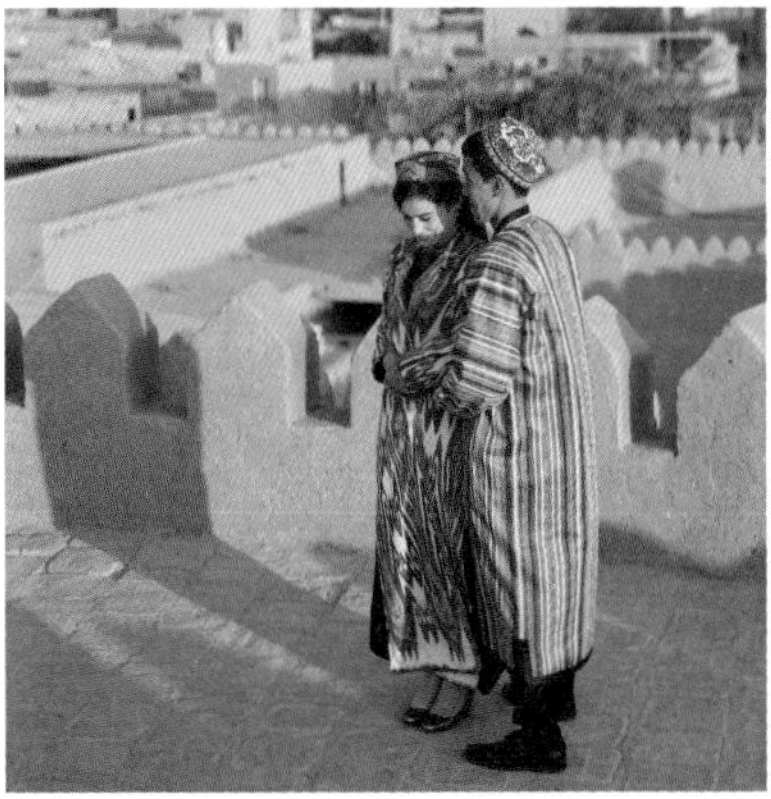

クフナアルクの見張り台から見た夕陽の美しいこと。アドラス柄の伝統衣装を身に纏った地元のカップル。イチャン・カラでは何組みもの結婚式をあげている光景に出くわしました。

イスラーム・ホジャ・ミナレットはヒヴァで一番の高さを誇る。中には118段の螺旋階段があり、登ることができる。段差が高いのでスニーカーがよし！

この美しい青が自慢！

イスラーム・ホジャ・ミナレット前の広場は日がな一日工芸品や土産物を売る人たちで賑わう。宿にも置いてあって可愛いと思ったハンドメイドの小さなマットを購入！

い。高さ45メートルのイスラーム・ホジャ・ミナレットの上から一望するヒヴァの街並みは異国情緒に溢れ、日本人的には「ドラクエの世界」みたいで心躍るはず！ ミナレット前の広場では、マットや陶器、スザニを豪快に広げた売り子のおばちゃんたちが、「買って、見てって」とぐいぐい声をかけてきます。

夕刻、クフナアルクの見張り台で赤く染まる街を背景に、アドラス柄の伝統衣装を身に纏ったカップルが写真撮影をしていました。その場のみんなが刻を忘れるほど、絵になる光景にうっとり。この街で生まれ、発展し、継承されている伝統工芸品の最たる魅力は、今に生きる人たちの生活に根付いていることだと感じました。

機械化の進む世界で、物作りの原点を知ることができる、気付きの旅となりました。

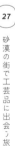

Ayoz qal'a

隊商も滞在した砂漠の古代遺跡を旅する アヤズカラ

MEMO

土産物屋も飲食店もなく、ただ広大な砂漠に遺跡があるだけ。それが、とてもいい。果てない旅情に浸り、古から光り輝く星空に浪漫を感じる時間を過ごす。

ユルタキャンプのインテリアもフォトジェニック

アヤズカラ遺跡から徒歩15分ほどの遊牧民スタイルの宿泊施設「ユルタキャンプ」へは、ブハラやヒヴァなどの宿から電話予約してもらうとベター。ドライバーの手配や宿泊、食事、キャメルライド体験の有無などを確認。私はブハラのホテルで予約。車の到着時刻に合わせて迎えに来てもらうことも可能。電話番号（+998-94-140-0070）。

地平線から天に向かって広がる無数の星。ユルタの光しかなく、都会では決して観ることのできない幻想的な星空。刻々と色を変える天体を眺め、飽きることがありません。

美しいアヤズカラ入り口の門は見逃さずに！

地平線から星空

ウズベキスタン共和国の中にある自治共和国カラカルパクスタン共和国は、国土の37%を占め、北部にアラル海を有するもほとんどが砂漠。古代都市遺跡が点在するなか、アヤズカラは城都の遺跡として観光地となっています。そこは、古代ホラズム王国のオアシス都市として栄えたシルクロードの街でもありました。

　アヤズカラへは、事前に手配したドライバーにヒヴァまで迎えに来てもらい、車で2時間かけて向かいます。紅葉の美しい秋の頃、ウルゲンチという街を越えたあたりから、一面に綿花畑が広がります。大地の割れ目のような一本道をひたすら地平線に向かって走り、ようやく丘の上にアヤズカラの遺跡が見えました。まるで大地の海に浮か

遺跡が語る幾千の歴史

ブハラで仕立てたワンピースで。広大な砂漠を眺めながらお茶タイム。眼下には数頭のラクダが歩く姿も。

ユルタの中は想像以上に暖かい。ここはみんなでご飯をいただく食堂ユルタ。夜は郷土料理がコースで続々と出てきます。かなりお腹一杯に！

アヤズカラの城壁の中を歩く。古代ホラズム王国の栄華を偲びつつ、一つの時代に思いを馳せる。かつて隊商もその姿を見たのだろうか。

朝食の後のキャメルライドは一人5ドルで30分ほど体験可能。ブハラで買ったアドラス柄の伝統衣装(コート)を纏って気分はさらに上がる。

ぶ島のよう。

ユルタキャンプでは、オーナー家族に出迎えられてホッと一息。夕暮れまで遺跡を散策すると、荒涼とした城跡には乾いた風が吹くばかり。日干しレンガの城壁も自然の流れのまま朽ちています。夕暮れ、真っ赤な太陽が地平線に落ちると、無数の星が空に瞬きはじめ、宇宙空間に放り出された気分に。夕食は宿泊者みんなで一つのユルタでいただき、酔っ払いが一人二人と増え、さながら陽気な宴会という感じ。賑やかなユルタを出ると、再び満天の星に吸い込まれていきそう。きっと隊商もこの星空を眺め、旅の安全を願ったのでしょう。

翌朝はキャメルライド体験。アヤズカラ遺跡の麓を散歩しながら、心は隊商の一員！ 何もかもが非日常で、これぞ旅だと一人幸せをかみしめるのでした。

キャラバン隊が運んだ、日本のカケラ

ブハラのラビハウズ近くのタキ・サラフォンの手前にあるジュエリーショップ「Babaev Dilmurod」に入ったときのこと。シルバーの手作りピアスを眺めていると、職人のおじさんが「キャラバン隊が使っていたアクセサリーだよ」と見せてくれました。ずしりと大きな耳飾りで、さまざまな宝石がついています。それは、ウズベキスタンやアフガニスタン、キルギスタンなど、近隣国から入ってきた石だそう。それから「ほら」と、数珠繋ぎになったサーモン色のコーラル（珊瑚）を見せてくれました。あれ？　と思い、「これは、どこが産地？」と聞きました。

なにせ、ウズベキスタンは二重内陸国と言われる、海のない国に囲まれた海のない国。おじさんはニヤリとして、「さあ、どこかな。キャラバン隊が運んできたものだから。ここには海がないからね。もしかしたら、日本かもしれないよ」。

なんと、太陽が先に昇る遥か東の日本から、はるばるこの街へとコーラルは旅してきたのか……。調べてみると、飛鳥京や平城京は「シルクロードの終着地」と呼ばれることもあるそうで、実際に奈良の正倉院にはペルシア製の宝物が数多くあるのだとか。つまりペルシアからウズベキスタンを通過して、最果ての東は日本までキャラバン隊が来ていた可能性が。そして、宝物の代わりにと、コーラルを持ち帰ったのかもしれません。思いがけないその話に、胸が高鳴るほどの浪漫を感じずにはいられません。

それから別のお店で、繊細なデザインの美しい白いビーズがついたお花のような形のピアスを買いました。「ウズベキスタンで、お嫁に行く時に旦那さんのお母さんが手作りしてプレゼントする」デザインのものだったようで、行き交う人々に、「それはウズベキスタンのデザイン！　似合うよ〜」と幾度となく褒めてもらいました。伝統工芸を愛するウズベキスタンならではの思い出が心に残ります。

覚えておきたい、旅のメモ

季節の変わり目は美しい

10月下旬は朝晩の寒暖差が大きいけれど、基本的に過ごしやすく、街中や列車の窓から紅葉が見られて美しい。オフシーズンに差し掛かっているので、観光客も少なく穴場の季節。

列車はルックスと呼ばれる一等席が安心快適でオススメ。ネットで席の予約ができないので（総じてウズベクはネット環境がよくない）、直接窓口で購入すると良い。一人22万スム（2500円）程度。

数百キロを移動する旅

お土産は安く可愛いものを買うならヒヴァ、絨毯*など質重視でやや高くてもセンスが良いものを買いたいならブハラがオススメ。またブハラのほうが工芸品職人の存在を身近に感じやすく、客引きもほどほど。アヤズカラには土産物屋はありません。買い物の値段はすべて交渉。

*ブハラもかつてペルシア領域にあり、「ペルシア絨毯」と同じ作り方だと職人さんが言っていました。私が買ったこの一枚はブハラのMagic Carpetsで

憧れの工芸品を残したい

旅で一番困ったのは両替。日本円が両替できないところやATMに拒絶される場合も多い。とくに日本円が1ミリでも切れていると両替してくれません。通貨の桁が大きいので（1万円両替すると1万スムが90枚近く渡される）、持参するお財布はポーチのほうが無難かも。硬貨はなし。

旅のアルバム

チャイハナという、もともと男性が集う喫茶店がウズベキスタンにあります。ブハラではチャイハナchinarで夕食をとりました。伝統工芸品の食器が可愛い！

ブハラ旧市街の貯水池ラビハウズあたりでは昔バザールが開かれていたそうな。今はカフェがあって、休憩するのにベストなロケーション。

ブハラで隊商が泊まった部屋は絨毯屋Aladdinの機織り工房となっていて、日がな一日女性が仕事をしています。オーナーに会えたら見学させてもらおう！

絨毯屋Aladdinでインディゴでシルクを染める様子を見学していたら、かき混ぜる作業を体験させてくれました。意外と重い！　蒼くなれ〜！

工房Blacksmith6代目の職人のお父さん。コウノトリバサミで、ちょきちょき紙芸を披露してくれました。ちなみに絨毯屋Aladdinのご近所さん。

絨毯屋Aladdinで見せてもらったシルクの糸。色は玉ねぎの皮やサフラン、ウォールナッツやオークの木枝など自然素材を使って染めるそう！

ヒヴァの伝統工芸品センターQutlugh Murad Inaq Madrasahの中庭では、夕方4時に3世代による綱渡り芸が観覧できるので、ぜひ！

夕暮れのカラーンミナレット前で、ブハラのGuli Shopで買った民族衣装の羽織を着て、気分はウズベチカ！

アドラス柄の布もこうして工房で織られています。見学したのは、ブハラで最も絨毯の品数を誇るBUKHARA SILK CARPETS。

MEMORIES

ウズベキスタンの代表的な工芸品スザニもお見逃しなく！　スザニはどの街でも売っています。これは、ヒヴァのイチャン・カラで。

アヤズカラのユルタキャンプで、ウエルカムティをお茶菓子といただく。雄大な砂漠を眺めて、悠久の時間を思うひととき……。

ブハラやヒヴァでは街中で工芸品を作る人たちがたくさん。一声かければ、快く写真撮影にも応じてくれる優しい人たちが多い。

ヒヴァのお土産はブハラにはないものもたくさん。お土産の置かれ方も可愛くて、ついつい写真を撮りたくなります。

アヤズカラの朝、キャメルライド体験。爽やかな朝、ゆっくりとラクダでお散歩する砂漠は気持ちよくて、気分は隊商(笑)。

もともと隊商の宿やバザールがあったというブハラのタキの一つ、テルパクフルシャン。タキの中はお店が多く、見所満載で前に進めない！

ヒヴァの夜は日中の異国情緒満点の街並みから一転、とても幻想的な装いに変わります。治安もよく、夜のお散歩もオススメ。

ウズベキスタンのパンを代表する大きな丸いナン。ヒヴァで焼きたてのナンをいただきました。ナンは街によって形が変わります。

ユルタキャンプではテントに滞在します。こうして遊牧民スタイルを体験するのも一興。なにより果てしない旅情に駆られます。

天空の秘境で暮らす
少数民族に出会う

ベトナム

サパ

1泊2日、絶景棚田のトレッキング旅

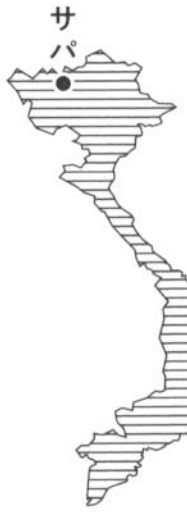

ベトナム北部の
一面に広がる棚田を歩き、
山岳民族の家に
ホームステイする

DATA

19世紀、フランス統治時代に避暑地として開発された標高1600メートルにあるサパは、現在高原リゾートとして人気。少数民族が暮らす地域で、サパを拠点に山間に広がる棚田をトレッキングできる。

推奨滞在日数／予算

3泊4日～／10万円～（食費、お土産代はのぞく）

✈

日本（東京）からハノイ空港まで飛行機で約4時間。バスでハノイからサパまで約5時間。夜行列車の場合はラオカイ駅まで約8時間、その後車で約1時間。ハノイから現地ツアーに申し込むと楽チン。

中国との国境に近いベトナム北部、ホアンリエン山脈の山間にあるラオカイ省サパは、日本人でも知らない人が多い秘境の町。サパを拠点に、中国やタイ、ラオスにまたがるモン族をはじめ、ザイ族や赤ザオ族など5つの少数民族が暮らす18の村が点在しています。

彼らが山から谷にかけて開墾した棚田は、いくつもの山にまたがるほど大規模で、天空の庭のごとく芸術的です。ここをトレッキングしようと、30年くらい前から観光客が来るようになったと言われています。その魅力は圧巻の棚田風景だけでなく、少数民族のガイドさんが案内してくれること。私はEZ VIET Travelで予約して、棚田を歩き、夜は少数民族の宿に滞在する1泊2日のトレッキングに出かけました！

1泊2日のトレッキング 1日目

MEMO
アップダウンの激しい山肌ではあるけれど、私のように普段運動していない人でもなんとか大丈夫！
少数民族はビーサンで歩いているけれど、トレッキングシューズは必須。

ハノイから約300キロ離れたサパには、バスか夜行列車で行きます。私は事前にハノイの日本人宿がエージェントをしているEZ VIET Travelで、日本人スタッフとメールでやりとりしてバスやトレッキングツアーの予約をしました。英語ができれば、ハノイの街中にあるエージェントでも予約は可能。

イーリンホー村の棚田は絶景の一言。おおよそ稲刈りが終わっていましたが、段々のコントラストがわかりやすくて見事。これほどの規模のものを見たのは初めて。こんな絶景を眺めながらの8キロのトレッキングは気持ちがいい！

少数民族の暮らしを見ながら約4時間歩くよ！

原風景に出会う

トレッキングは、英語が話せるモン族のクーさんという女性ガイドと一緒に、初日はイーリンホー村、ラオチャイ村とめぐり、夜はタヴァン村で宿泊という行程です。サパは天空の町。谷へと降りていき、田園の畦道《あぜみち》を歩きながら、登り降りを繰り返して山を越えていきます。棚田が山の斜面に延々と広がり、せっせと稲穂を刈る少数民族の横では、水牛がのっしのっしと歩いて草を食《は》んでいます。牧歌的で、どこか懐かしい光景。

　ところで、だいぶ歩いたのに、まだ最初の村イーリンホーだとか。「村といっても大きいの。一家に一つの山があって、棚田を作るから」とクーさん。家族

のんびり心洗われる時間

トレッキングの途中で手作りの民芸品を売りに来た女の子たち。花モン族デザインのスカートがお似合い。「ピース」の形が独特で可愛い！

家族総出で稲刈りしている場面をあちこちで見かけます。子供もお手伝い。刈った稲を木箱に叩きつけるようにして、稲からもみを取っていました。

トレッキングを始めてすぐ、棚田の畦道をひたすら歩いていきます。棚田が見事なオンシーズンは雨も多く、トレッキングシューズがオススメ。

トレッキングは畦道だけでなく、川を越えたり、竹やぶを歩いたり。黒モン族のおばあちゃんがいつも手を貸してくれました。

で作ったお米は、基本的に出荷せず家族だけで食べるのだそう。民家の庭を通りすぎるとき、収穫したてのもみを干している光景があちこちで見られ、そのもみをアヒルや鶏がついばんでいるのも微笑ましい。そして、ふと休憩すると山間に広がる風光明媚な棚田の絶景が眼下に広がり、鳥の気分。

途中、手作り民芸品を売りに来た黒モン族の女性たちも、気づけばラオチャイまで一緒にトレッキング。健脚で、歩くスピードも速くてびっくり。川を越えるときは手を繋いでくれたり、シダの葉で作ったハートの飾りをプレゼントしてくれたり。最後には「手作りの民芸品を買わない？」と言われるけど、けっして感じが悪くはなくて、これが彼女たちの「暮らし方」なのです。朗らかな時間を一緒に過ごせて、上出来の初日です。

1泊2日のトレッキング 2日目

タヴァン村には「ホームステイ」と書かれた看板がたくさん。ただ、民家に泊まるわけではなく、家族が経営するゲストハウスに泊まる感じ。かつては民家に泊まらせていたようですが、少しでも快適に過ごしてもらおうと、近年は「ホームステイ」と掲げたままのゲストハウスが多数あるみたい。

美しい草花に触れ自然にかえる

MEMO

1泊2日のトレッキングだからこそ、現地の暮らしや食事を体験し、早朝や夜の静けさなどを感じることができる。されど秘境のサパも、年々観光地化しているそう。

ザイ族が暮らすタヴァン村のTAVAN ECOLOGIC HOMESTAYに宿泊。村に観光客が泊まるようになったのは今から15年くらい前からだそう。そのときより快適性を重視して、宿を一般的なゲストハウス化させたようです。

2日目は約2時間のトレッキングだよ！

野生児になる

初日、モン族が暮らすイーリンホー村とラオチャイ村を通り、ザイ族が暮らすタヴァン村で1泊しました。ただ、私はどうしても一般家庭の暮らしを覗きたかったので、事前にEZ VIET Travelにお願いして、Chien Yen Homestayでザイ族の家族と朝ご飯を一緒にいただくことにしました。

民家の木造一軒家は吹き抜けになっていて、2階で滞在者がごろ寝できるようになっています。1階に併設されているのは、大きな台所。家のお母さんが大きなフライパンで手早く青菜の炒め物や鶏肉と豚肉の炒め物、フォー、そしてバッタの揚げ物を作っていきます。生きたバッタがペットボトルにパンパンに詰まっているのを私が見ている

現地流の暮らしを体感

ザンタチャイ村にあるお土産屋さん。だいたいどこの村にも、こういった民芸品を売るお店があります。可愛く染め上げられた布などは欲しくなっちゃう。

タヴァン村からザンタチャイ村までは3キロのはずなのに、山道がハードでかなり体力を消耗します。竹林も通り、自然の美味しい空気を吸いながらトレッキング！

Chien Yen Homestayでいただいた朝ごはん。醤油かチリソースをつけていただきます。それにしてもバッタの量が！棚田で暮らす少数民族ならではの食事です。

赤ザオ族のおばあさん。ちょっぴり観光地化された滝の下で、せっせとブレスレットを作っていました。目が合うと、「どう？」と(笑)。

と、「稲の収穫の時期だけ、夜になるとバッタが飛ばないからとりに行くのよ」と教えてくれました。食卓は家の外に。炊きたてのお米はフォーのスープにつけて食べるのがタヴァン流。この棚田で生まれ育ったワイルドなお米は、とっても美味しい！　そして人生初のバッタは、陸のエビという感じ⁉　食後は、「一家に一本は植える」という木の葉で、お茶をいただきました。ちょっと渋みがあって野性的。「じゃあ、ゆっくりね」とファーマーの旦那さんは稲刈りへと出かけていきました。

　食後は3キロの道を歩き、赤ザオ族が暮らすザンタチャイの村までトレッキング。道なき道で、しかも険しい山道。ようやく村に着き、迎えの車に乗ってサパの町へと戻りました。大自然を歩き、ちょっぴり野生児になったような冒険の旅でした。

自然とともに生きる伝統の民族衣装

ベトナムの衣装といえばアオザイを思い浮かべますが、実は多民族国家ゆえ衣装は様々。サパの町中では、土産物を売りに来る黒モン族の女性たちをたくさん見かけます。クーさん曰く、これほどの田園でも米は出荷しないそうなので、土産物売りが主な収入源だそう。

村を歩けば様々な民族衣装に出会えます

どの民族の衣装かな？

MEMO

こんな秘境の村にさえ、近代化の波は押し寄せ、伝統工芸の伝承が難しくなっているそう。女性が布をインディゴで染め、その布が軒下に干されている光景を目に焼き付けて。

麻糸を作っている黒モン族のおばあさんに出くわしました。麻の繊維を繋ぎあわせて一本の糸に。これを何キロメートルと作って、布を織るのだそう。それにしても、歩きながら作っているのがスゴイ！

インディゴで染める

サパ一帯では、黒モン族、赤モン族、花モン族、ザイ族、赤ザオ族の5つの少数民族が暮らしています。各民族にはそれぞれの言葉があるほか、見て区別できるほど衣装が違います。花モン族はとびきりカラフルで華やかだし、赤モン族や赤ザオ族は赤をアクセントにした衣装で、ザイ族は中華風トップスにパンツスタイル。黒モン族はというと、大きな耳飾りに、黒い衣装を纏います。おそらく、トレッキング中に出会うのは、ほとんどが黒モン族の女性たち。

黒色の衣装はよく見ると濃紺。山肌に群生する藍の葉を摘んで、染料を作って、麻布を染めるそうです。毎日3〜4時間、染め

ガイドのクーさんがいろいろ教えてくれますよ！

秘境で出会う価値あるモノ！

村の土産物屋さんでは、インディゴで染めた小物や洋服なども売られていました。葉っぱを摘んでから完成までの手間暇を思うと、とても価値があります。

藍の葉を煮たときに出る煮汁などを使って、染料を作っていくそう。村の中で、この染料が入った大きなバケツをいくつも見かけました。

染めたら川で洗うの！

トレッキング中、棚田の脇や山道に群生している藍の葉をたくさん見かけました。モン族にとっては昔から暮らしに必要な大切な草です。

軒先に干されたインディゴで染めた布。天然なので、少しずつ色味が違います。この布を使って洋服や土産物などを作るのです。

ては洗って、干すの繰り返し。民家の軒先に、藍色に染まった布がひらひらと干されているのをよく見かけました。染めると1、2日で緑色に、1週間で藍色に、そして1ヶ月で濃紺になるようです。インディゴで染めた布は、耐久性や抗菌性があり、虫除けの効果もあるとか。トレッキング中、麻糸を作ったり、インディゴで染めたり、染めた布を川で洗っていたりと、濃紺の衣装に仕上がるまでの工程を目の当たりにしました。ただ、「最近は、民族衣装を着ない人が増えている。若い世代は作り方もわからなくなっているから、いつか途絶えるかも」とクーさん。近代化に伴い、こうした伝統が失われつつあるのが現実。棚田に映える黒モン族はじめ少数民族の衣装を、しっかりとこの目に焼き付けておきたいと思いました。

現地ツアーをうまく利用して、魅惑的な旅を

事前にトレッキングのツアーを予約しておけば、当日は朝6時半頃に、ツアーのバスがハノイのホテルまで迎えに来てくれます。参加者が揃ったら、大型スリーピングバスに乗り換えてサパに向けて出発。面白いのは、バスに乗るときに靴を脱ぐこと。中は土足厳禁なのです。シートは横に3列、上下段にあって、背もたれは120度ほど倒れています。朝早かったので、すぐにうとうと。バスが出発するとペットボトルの水を1本もらえるので、買い忘れても大丈夫。もちろん、途中でトイレ休憩もあり、サービスエリアに2、3度立ち寄ります。またまた面白いのは、サービスエリアで降りるときはバス専用の便所サンダル（なぜか先端が切れている！）を履くこと。自分の靴は最後までしまっておくのです。サパに到着すると、MAY SAPA HOTELでランチ。郷土料理がフルコースで出てきて、食べ終わってから少数民族のクーさんと合流して、棚田トレッキングへ。1泊2日なので、荷物は軽いほうがベター。サパでは日帰り2時間程度のトレッキングツアーもありますが、せっかくなので一日は村に泊まりたい。日本（東京）からだと、こんな行程がオススメです。

PLAN

1日目　日本を出国。ハノイに泊まる。

2日目　早朝ツアーのスリーピングバスでサパへ。午後、ガイドと一緒にトレッキング。夜は村で1泊ホームステイ。

3日目　トレッキングから午後にはサパに戻って、ガイドと別れ解散。夕方のバスでハノイに到着。そのまま深夜発の飛行機に乗る。

4日目　早朝成田に到着！

ちなみに私はEZ VIET Travelに相談して、3日目はフリーにして宿も自分で取って、4日目の夕方のバスでサパからハノイに戻りました！（5日目の早朝に成田着）

現地ツアーと個人旅行の自由さをうまく組み合わせると、さらに楽しいものになります！

覚えておきたい、旅のメモ

オンシーズンは7月8月で、グリーンの棚田が金色に変わり稲刈りされるまで。ただし、雨や霧が多い地域なので足元に注意。私が訪れたのは9月下旬でおおよそ稲刈りが終わっていましたが、十分に美しい景観でした。国際的な旅行サイトでも、「世界でもっとも美しい棚田11選」に選ばれています。

天空の楽園にお邪魔する心得

サパは、フランス植民地時代に避暑地として栄え、湖の周りに赤い屋根のコロニアル様式の建物が立ち並んでいます。

サパの町中ではクレジットカードが使えますが、トレッキング中は基本的に現金。トレッキング途中の休憩ポイントではペットボトルの水が買えます。

少数民族の子供たちは無償で学校に行けるよう国がサポートしているそうですが、実際は家の手伝いや学校までの距離の問題があって行けないのだそう。トレッキングをしていると、子供たちが民芸品を売りに来るけれど、頭ごなしに拒絶せずに、ちょっと立ち止まって一つ一つ見てみると、驚くほど可愛らしいデザインです。彼らの暮らし方を理解して、接したいですね！

自分次第で旅は楽しめる

初日に泊まったハノイのオリエンタルスイーツホテル＆スパは、チェックアウト後でも、「サパに行く」と言うと、スーツケースなど荷物を預かってくれたり、「サパから戻ってそのまま深夜の飛行機で日本に帰る」と言うと、無料でシャワーを貸してくれたり。オススメです。

旅のアルバム

田園のすぐそばには質素な民家がいくつもあります。子供たちにもたくさん出会い、ほのぼのとした癒しの時が流れていきます。

ガイドのクーさんと歩くなか、途中で出会って、気づけば一緒に歩くことになった黒モン族の人たち。和気藹々と楽しい時間。

トレッキングはサパから車でイーリンホー村まで行きスタート。そこから望むサパは天空の町という言葉がぴったりの威容を見せていました。

タヴァンはゲストハウスが集まる村のようで、「泊まるならここ」とクーさん。近隣の村のなかで、やや街らしい雰囲気がありました。

イーリンホー村の民家の庭をどうどうと通過していきます。改めてガイドさんなしでは、トレッキングは難しいと実感……！

村と村の間は舗装された道路でも結ばれていますが、それでも牧歌的です。もちろん歩いて畦道を行くほうが断然気持ちいい！

収穫したてのもみを干しているそばから、アヒルや鶏の親子がつついて食べていました。それにしても、こんな環境で育つ米は美味しいだろうな～。

水牛なくして稲作は無理だというほど、水牛が方々にいて、大切にお世話されているようです。時に水牛の親子に道を阻まれることも。

あちこちの民家の軒下で干されていたとうもろこし。米以外の主食もしっかりと作っているようです。

MEMORIES

Chien Yen Homestayのお父さんとお母さん、クーさんたちと一緒に。そのうち娘さんやお孫さんも来て、賑やかな朝となりました。

より現地の暮らしを体験できるChien Yen Homestayで。お母さんが朝食を用意してくれました。バッタの揚げ物は、みなさんの大好物のようです。

タヴァン村で泊まったTAVAN ECOLOGIC HOMESTAYのレストラン。家族経営のアットホームな宿です。夕食は食べきれないほど出てきます！

「こうして葉っぱを丸めて水を飲むのよ」とクーさんが、トレッキングの最中、たびたび少数民族の生きる知恵を教えてくれて勉強になる！

大きなバケツに入った染料のインディゴ。大量ですが、何度も染めるので必要なのでしょう。モン族の暮らしにとってとても大切なもの。

山間のあちこちにインディゴで染めた衣装が干されています。晴れている日のトレッキングだからこその光景なのでしょうか……。

ベッドカバーになりそうな布や男性用のシャツも売られていました。同じ柄のワンピースが欲しいなあと思いながら見ていました(笑)。

土産物のぬいぐるみには、華やかな花モン族の衣装を着ているものが多かったように思います。次回は、花モン族のいる村へ行ってみたい！

ザンタチャイ村へ向かう途中の土産物屋。一点物の手作り工芸品が売られています。機械で作ったお土産もありますが、違いは一目瞭然。

目から鱗の新発見！
魅惑の台湾料理を掘り下げる

台湾

台北

食べて、習う、美食旅

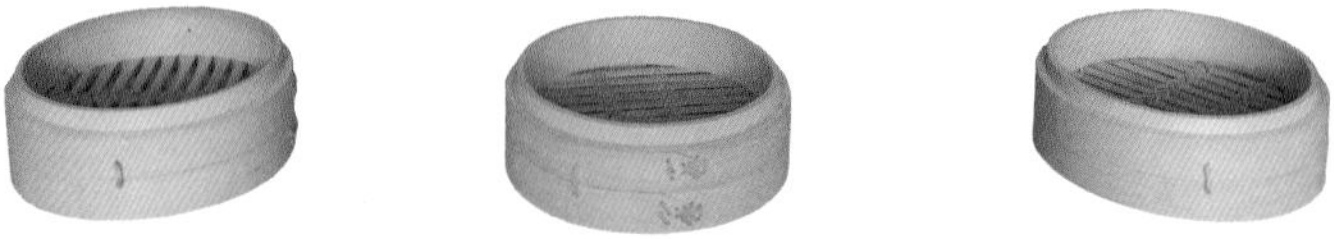

美味しい街に根付く
文化と歴史をたどり
台湾料理の真髄に迫る

DATA

日本からもっとも近いアジアの一つで、屋台メシなど美味しいグルメをめぐるのが楽しい街。日本統治時代の面影も多く残り、人々は親日派と言われる。朝市や夜市はアジアの台所と言えるほど食材豊か。

推奨滞在日数／予算

1泊2日／8万円~
(食費、お土産代はのぞく)

✈

東京から飛行機で約3時間半。台湾桃園国際空港と台北松山国際空港があり、後者は台北市内にあるため、到着してから早ければ30分で中心部のホテルに着く。LCCも多くあり、予算に合わせてフライトできるのも魅力。

いつでも参加してね！

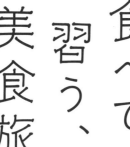

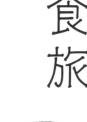

街並みは新旧入り交じり、穏やかな佇まいが魅力の台北。日々進化を遂げつつも穏やかな佇まいが魅力の台北。小道には昭和の頃を思わせる商店や民家が軒を連ね、歩けばレトロな書体の看板があちこちで目を引きます。店先の台所で野菜を切っていたり、小籠包の皮を手ごねしていたり。ぷ〜んと美味しい匂いに誘われ、つい朝から目一杯ご飯を食べてしまう。

台湾では、早朝から深夜まで、とにかく「食」との出会いに尽きます。俗に「屋台メシ」と言われるB級グルメは台湾人にとってはファストフード的感覚。また、今や予約の取れないレストランも急増中です。食べることが楽しい街ですが、その「旨さ」はどこからきたのか？ ふとそんなことを思い、台湾料理の真髄に出会うべく台北を旅しました。

Taipei

料理教室で、王道メシ〝小籠包〟を作って食べる

MEMO

現地の料理を知るには料理教室へ行くのが近道。せっかくなので、食の歴史や文化について先生に聞いて、後日市場や食器が売られる骨董市などに行くのも魅力。

小籠包、まずは皮から作っていきます!

コリアンダークッキングスタジオ主宰のリン先生は、日本に数年留学した経験もあり、メール対応や現地での会話は日本語で完璧にできるので安心。台北のオススメスポットなど、ガイドブックには載っていない情報も聞いてみては。事前予約はHPにて。

料理教室は台北のアパートの中にあり、中はリノベーションされていてとっても素敵。参加者によって、英語か日本語でレッスンが進んでいきます。作るメニューは4品と充実しています。レシピは後でもらえます。

生地から手作り体験

台湾料理といえば、パッと頭に浮かぶものの一つとして小籠包が挙げられると思います。

その旨さを決めるとも言われる肝心要の皮は、小麦粉が主原料。ところが「台湾ではほとんど小麦粉は穫れません」と、コリアンダークッキングスタジオのリン先生に聞いてびっくり仰天。餃子や小籠包は、中国本土の上海から流れてきた食文化。台湾には先住民が14民族いますが、彼らの食文化には小麦粉を使った料理はないのです。「もとは、おこわや粽《ちまき》、ビーフンと、米がメイン」と先生。それが第二次世界大戦後、中国の移民が多く台湾に流れ、またアメリカから大量に小麦粉が入って

体験で使用したセイロは持ち帰れます!

食文化に秘められた歴史

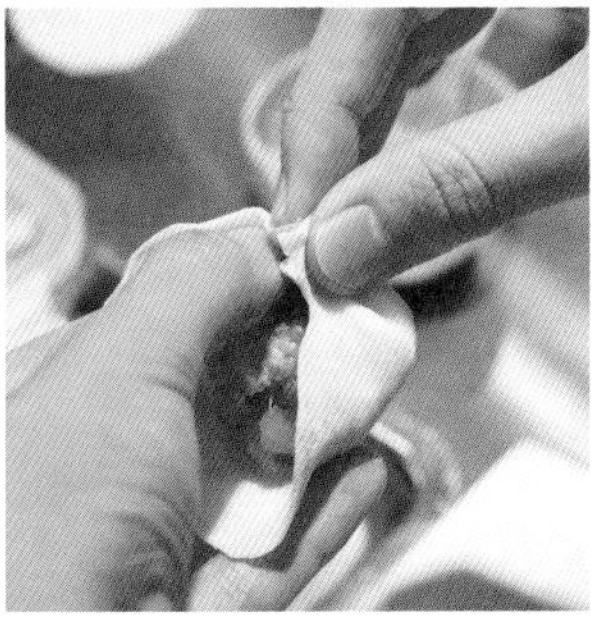

小籠包の皮はとても薄く、機械では作れないそう。そのため、値段が高くなります。包む作業はとても繊細で、細かな作業です。

台湾料理に欠かせない調味料は醤油、米酢、ごま油、黒酢、塩、砂糖。しいたけ、生姜、ネギもよく使う。日本と違い「出汁」はないようです。

料理教室で作ったメニューは、きゅうりのサラダ、小魚とピーナッツと豆干の和え、小籠包、しいたけと人参の卵スープ。一番美味しいのは、やっぱり小籠包！

中国本土から文化が流れてきた500年の歴史を持つお茶。リン先生曰く「友人宅に行くときはケーキではなくて茶葉を持って行きます」とこれまた日本と大違い！

きたのも相まって、台湾の食を大きく変えていきました。

料理教室では、そんな台湾料理の歴史を聞きながら、先生の指示どおりに手を動かしていきます。メニューはサラダやスープなどの副菜とメインの小籠包。テーブルに並ぶ調味料や食材は、台湾料理の解剖図鑑さながらです。日本と同じく醤油や米酢もあり、されど黒酢や金針菜（ユリ科の花のつぼみ）を多用するのは台湾ならでは。お隣さんであっても、こうした違いが一目瞭然。

手ごねで作った皮に具材を包んでいく作業は至難の業ですが、蒸し始めたら5分で完成。料理教室に参加した異国の者同士、一緒に笑顔で「いただきます」。その後、リン先生の手作りドライフルーツのスイーツをいただき台湾のお茶の飲み比べをして、ゆったり至福の時間を過ごしました。

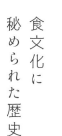

Taipei

知られざる美食との出会い、先住民料理に舌鼓を打つ！

いつでも来てね！

MEMO

恥ずかしながら、台湾料理といえば中華料理ばかりだと思っていた私は、目から鱗の先住民料理（現在も暮らしているので原住民ですが、わかりやすく先住民料理とします）の存在に興味津々！

おそるおそる飲んだ小米酒は、ウマい！

台湾は客家、閩南《びんなん》、外省人、先住14民族で構成された島。台湾の食文化は大まかに、先住民料理と中国本土から入って来た中華料理に分かれます。市内にある先住民料理店は、数軒のみ。まだまだ知られざる台湾料理にぜひトライしてみては！

IHALAの先住民料理はどれもとっても美味しい！　食文化は古く、体に良いものばかり。台北で手に入らない食材は地元のお母さんが送ってくれるとか。右はカタツムリ入りの炒め物。好吃！

これぞ台湾料理

料理教室体験後、ますます興味を持った「先住民料理」を食べたくて、國父紀念館駅からすぐの「ＩＨＡＬＡ」へ行きました。そこは、先住民タイヤル族のウィランさんとその叔父さん、ルカイ族のサオシャさんが先住民料理を振る舞うアットホームなお店。彼らは台湾南部ピンドン（屏東）に多く住む民族です。

先住民料理に欠かせないのは、「マーガオ（馬告）」という山椒とレモングラスを足して二で割ったようなスパイス。山では塩が手に入らず、その代わりとなる存在なのだそう。また粟（小米／シャオミ）もよく使い、発酵させた粟で肉を数日間熟成させたり、甘酒のような「小米酒」を作ったり。冷蔵庫がない時代の知恵が今に伝わっているのです。野菜は刺葱《ツーツォン》がよく使われ、昔から

一度は試したい本当の台湾食

一見、ヨーロッパにありそうな外観。中は先住民の家を意識したぬくもりある装飾で、とても居心地のよい雰囲気。事前予約がベスト。

おかわりが止まらない焼魚木桶飯。野菜や焼魚を交ぜた炒飯に、大量の魚の削り節がかかっている。先住民は昔から海鮮をよく食べるそう。

ウィランさん(左)とサオシャさん。他民族間では言語が違うので中国語で話すそう。夜8時開始の生ライブには間に合うように来ることをオススメします！

料理に必須のマーガオと呼ばれる山胡椒。プチッという食感が病みつきになる。塩気と酸味が少しあり、レモングラスのような香りがします。

お茶や薬草としても使われていました。ずらりと食卓に並んだ料理は、今まで食べたどの台湾料理とも違う味。それが……、これほど美味しいとは！「本来はもっと素朴だけど、都会に合わせて少し創作している」とはいうものの、「好吃《ハオチー》」を連呼！

夜8時になると、お店の二人が生ライブを披露。先住民の言葉で歌い、柔らかくも、ずっしりと重みのある声と音色に引き込まれていきます。彼らの祖父母は、日本統治時代の影響下にあったため、「小さい頃、祖母が日本語で歌ってくれました」とその童謡を歌ってくれたり、「怒られるときは、日本語でした」という話もしてくれて……。古から続く先住民文化に根付いた貴重な料理をいただきながら、日本と縁のある話まで聞けて、新たな台湾旅の奥行きに心を動かされました。

Taipei

台湾料理の真髄が見られる朝市と夜市

MEMO
早朝からやっている朝市に顔を出してみると、庶民の暮らしを垣間見ることができ面白い。また夜市も忘れるべからず。台湾らしいB級グルメを楽しみたい！

野菜が大きくて立派！
美味しそう

朝市や夜市は、もともとお寺がある場所から広がっていったため、市の近くには必ずお寺があるそう。夜市にはすっかり観光地化された場所も多いが、まだまだ素朴でローカル色の濃いところもあり。

台北郊外にある福和橋下二手朝市は活気があって、野菜から肉類、生活用品など台湾人の日常が垣間見ることができて見学しているだけでも楽しい。週末にはフリーマーケットも開催されます。

台湾でよく飲む
ジュースとビール

見て美味しい市場へ

早朝6時頃から開かれている雙連朝市や福和橋下二手朝市などは、まさに台湾食材の台所。色とりどりの野菜がこんもりと盛られ、ベジタリアン大国というのも納得。肉や魚は冷蔵されずに生で置かれているのですが、その豪快さに慣れてくると台湾に一歩近づいたような気がするのです。台湾料理に欠かせない生姜も大量に売られていて、美味しい台湾料理を作る食材の一つ一つを知ることができて飽きません。朝市では、おこわやビーフン、それに小籠包が食べられる屋台も。実は朝食に小籠包を食べるのが台湾流なのだとか。

一方、夜市は士林など観光客が押し寄せるところもあれば、ローカル色満載のところも。今回私が立ち寄った公館駅から延びる夜市は学生街ということも

市でも「美味しい」がいっぱい

水源市場で食べた卵スープと炒飯。目の前で豪快に作って、「はいよ！」と持ってきてくれます。辛いタレをつけて食べても旨し！

公館夜市ではほとんどが学生。聞くところによると、家庭を持つまでは基本的にみんな外食する文化があるのだそう。

台湾食文化において、小麦粉を使った料理が盛んになる前から郷土料理だったおこわやビーフンも、朝市の屋台メシ代表です。

お寺を中心に南北に延びる雙連朝市は朝のお散歩にもとっても気持ちがいい。屋台もあるので、いろいろ買って食べ歩きもオススメです。

あって、「安くて旨い」が魅力。とっても小さな夜市ですが、人が多すぎず雰囲気を味わうにはもってこい。水源市場というビルの1階では、数軒の食堂がコンパクトに並んでいて、顔をほころばせながら屋台メシを食らう人だかりが。私も相席上等で、いざ注文！　ただし、中国語がわからず、向かいのおばさんに「これと同じものがほしい」とジェスチャーでお願いして、無事に炒飯と蛋花湯（卵スープ）にありつけました。ほかに、台湾に留学した日本人の友人イチ押しの「南機場夜市」もオススメ。とにかく美味しくて、安くて、穴場だそうです。

朝市も夜市も、長い歴史の中で人の暮らしに根付き、常に変貌、進化を続けている食文化の代表格。市街の身近な所にいくつもあるので、ぜひ、見ておきたい光景です。

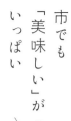

先住民料理に秘められた健康の秘訣

台湾の先住民は、日本ではタレントのビビアン・スーさんが有名ですが、彼女はタイヤル族です。先住民料理店ＩＨＡＬＡのウィランさんは、「先住民には美男美女が多いんですよ」といたずらっ子のような笑顔で教えてくれました。目鼻立ちがはっきりとして、中華系というより土着のＤＮＡを感じとれる顔立ち。いやいや、ＤＮＡに限らずその美を物語る秘訣として、やはり先住民族の食文化があると思うのです。

今回、戦前より長く続く米文化を牽引する代表料理の粽をＩＨＡＬＡでいただきました。

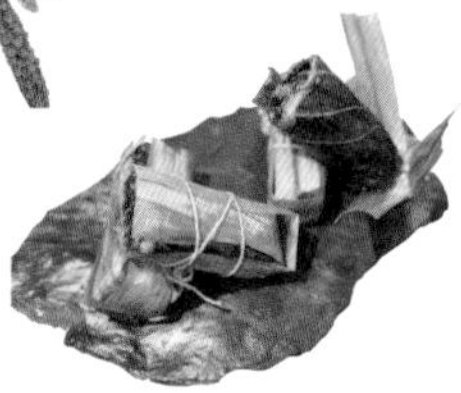

豚肉とタロイモ粉や粟を「假酸漿葉」で巻いて粽状にして、さらに血桐葉や月桃葉で包んでススキで結び、蒸して作るもの。ルカイ族やパイワン族の伝統料理「吉拿富」です。具材として食べる假酸漿葉は、消化を助け、たくさん食べてもお腹が張らず、食欲をそそる良い香りがするんですって。保存性も高く、「男たちが狩りに出るとき持っていく」とルカイ族のサオシャさん。夏の豊年祭に出る貴重な葉で、台北市内ではほぼお目にかかれないそうです。私がいただいた吉拿富粽は、彼のお母さんが地元からわざわざお店に送っているとか。こうした先住民が使用する食用葉はいくつかあり、薬膳に使われるような健康的なものが多く、間違いなく美容にもよいはず。

ところで、14の多彩な先住民族には、農業だけでなくて漁業をするものも。「チョコがほしくて、伊勢海老と物々交換してもらう」こともあるようです。ちなみにお茶は飲むのか尋ねると、先住民にその習慣はないそうです。お茶や茶器は中国本土から入ってきた文化だからと。

これまで私が知っていた屋台メシを含めた台湾料理に、目から鱗の真実がたくさん。食というテーマから見えてきたものは、本当の台湾を語るうえで決して忘れてはならない誇り高き先住民の存在だったのです。次回は、先住民の村へ行ってみようと密かに決意しました。

覚えておきたい、旅のメモ

街を歩けば見える食文化

市内には「MRT」の路線が張り巡らされているので時間があれば利用すると便利です。沿線から離れた場所にある美食店も多いため、タクシー利用もオススメ。私の印象としては10回乗ってすべての運転手が優しく誠実だった。

「素食」（ベジタリアン）と書かれた店が多いです。台湾は世界で2番目にベジタリアンが多いところだそうです。

台湾の朝食と言えば豆乳も人気。搾りたての豆乳をそのままぐいっと飲めば、体に良し！

市内には至る所に屋台や食堂が。どこに入るか迷うのでガイドブックに従うもよし。私の経験上、人だかりのできているお店はまず美味しいので、そんな所があったら思い切って入ってみては。ここは、お気に入りの具材盛りだくさんの台湾おにぎり屋「劉媽媽飯糰」。朝から人がいっぱい。

意外と知らないコトばかり

リン先生曰く台湾では食事のあと、お茶と果物を食べる文化があるそうです。市場で季節のフルーツを見るのも楽しい。マンゴーが食べられるのは夏季のみなので、注意！

旅のアルバム

福和橋下二手朝市は早朝6時頃から正午まで開催されています。土日は並行してフリーマーケットも開かれ地元の人で賑わいます。

福和橋下二手朝市では採れたての野菜や果物がたくさん売られています。日本のものと似てますが、野菜の大きさや形が少し違っていたりと面白いです。

公館夜市の水源市場の中は、規模は小さいながら地元の人でいっぱい。とてもいい香りが漂っています。空いた席に着けば対応してくれます。

コリアンダークッキングスタジオの入り口。普通のアパートの中にあります。観光地めぐりに飽きた人には面白い体験ができるかも。

朝市や市場でよく見るのが豪快に肉を切り売りしている光景。日本人的には衛生面で不安になりますが、しっかり火を通す台湾料理では問題ないのでしょう。

台湾も島。魚料理も大切な食文化です。台湾居酒屋「熱炒(ラーチャオ)」が市内にいくつもあり、そこで魚のスープや煮つけなどを食べてみるのもオススメ。

リン先生のセンスが光るコリアンダークッキングスタジオの中。「フリーマーケットで買った」という茶壺や食器など、レトロで素敵なものもアリ。

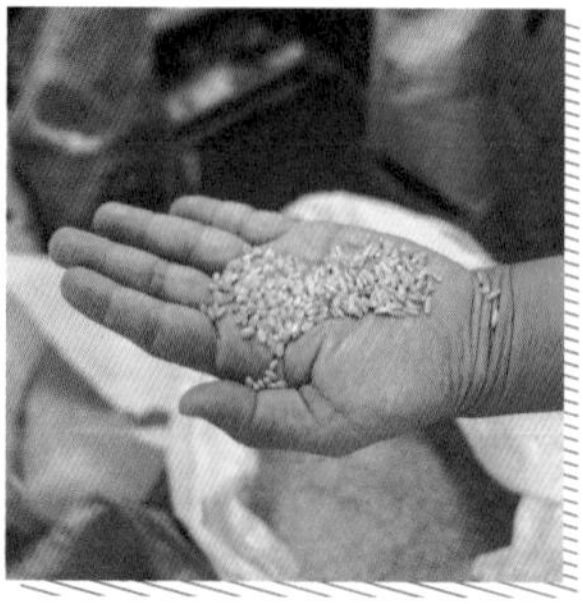

市内に米屋がいくつもあります。葉晋發米糧行という米屋は改築されていてとても素敵です。米の解説にも力を入れているところ。

南国のフルーツがいっぱいある台湾では、ドラゴンフルーツのピンクが目につきます。市場で買って、ホテルで食べるのが好き。

MEMORIES

小籠包の皮は薄く丸く伸ばしていきます。お肉を中に入れて包むときの折り込み方は、餃子とは違ってちょっと難しい。でも、なんとかできたかな。

小籠包の中に入れる具材は、豚の挽肉と鶏の煮こごり、刻みネギと刻み生姜。ネギは食感は残さず臭みを取るために利用するので、とにかく刻む！

アメリカ、日本、韓国から来た参加者と一緒に楽しくクッキング。小籠包の生地を作って寝かせている間に、副菜を作っていきます。

瓶の中に入っている小米。発酵させてお酒や肉料理に使うそうな。豊年祭の儀式でも大切な存在で、先住民にとって欠かせない食材の一つ。

先住民料理屋IHALAの中はぬくもりでいっぱい。カウンターの中で料理をする光景を見ていたら、いろいろと解説してくれました。みんな親切！

蒸して5分で完成した作りたてホヤホヤの小籠包。生姜を載せて完成です。見た目はイマイチでも、味はとっても美味しかった！

レトロな街並みに心惹かれる問屋街の迪化街に、高健桶店という人気の雑貨屋さんがあり、そこでセイロも購入できます。

屋台では、店先の台所で野菜を切っていたり、その周りで食事をしていたり。これぞ台湾という光景があちこちにあります。気になったら入ってみよう。

タイヤル族の料理に欠かせないという刺葱。レモングラスのような香りで、さまざまな料理に使うそうです。

心が癒され、カラダが元気になる時間

タイ

（バンコク／ナコーンパトム）

オーガニックをめぐる旅

人と自然、地球に優しい国をめざす、タイのサステイナブルな取り組みに出会う

DATA

メガシティと呼ばれるバンコクは、東京さながら超高層ビル群の摩天楼が広がり、おしゃれなカフェや新スポットが次々と誕生しています。一方で庶民的な旧市街も魅力的。街中には日本語表記も多く、東アジアのハワイみたい。

推奨滞在日数／予算

2泊4日～／12万円～（食費、お土産代はのぞく）

✈

東京からバンコクまで直行便で約6時間半。深夜便もあるので、たとえば金曜夜に出て、土曜の朝からたっぷり滞在することが可能です。スワンナプーム国際空港からバンコク市内まではタクシーで約40分～2時間（渋滞）、400～500B（バーツ）。

東南アジアの「微笑みの国」タイは、私が大好きな国の一つ。ひと昔前は、男性が遊びに行くような国というイメージがありましたが、今や、スパ、美容グッズ、ファッション、おしゃれなカフェなどがそこらじゅうに溢れ、一度や二度ではめぐりきれないほど女子の「したいこと」がぎゅっと詰まった国だと思います。近年、そんなタイでも「サスティナビリティ」という言葉をよく耳にするようになりました。人や社会、環境、文化に持続的に良い、優しい関係と循環をもたらすような取り組みを国をあげて進めているのです。その代表がオーガニック。有機栽培で、人にも自然にも優しい食物やコスメ系プロダクトなどを作っています。バンコクのサスティナブルなシーンをめぐります!

Nakhon Pathom

Patom Organic Villageでワークショップとスパ体験

オーガニックスイーツ！

MEMO

大都会バンコクを離れると、途端にのどかな田舎の風景が広がって、ほっとします。オーガニック大国タイの取り組みを知るために、初めてのナコーンパトムへ！

オーガニックミントで作った歯磨き粉

Patom Organic Villageはサンプラン・リバーサイドのPatom Organic Living内にあります。ホテル滞在やPatom Organic Farm見学（要予約）、ワークショップ体験が可能。ワークショップ体験は現地でチケットを購入可能。私はTRAZYという世界各地のアクティビティの予約ができるサイトで事前に購入。

Patom Organic Villageのワークショップチケットで、好きなアクティビティを選べます。敷地内で完全無農薬栽培している多種類のお米からスクラブを作っているところです。ヨーグルトと混ぜてフェイスパックとしても使えるそう。

バナナの皮で包んだパンケーキ、出来たよ！

オーガニック村へ

バンコク市内のホテルでGrab Taxiの配車サービスアプリを使って車を呼び、朝8時半にバンコクの南西約30キロにあるナコーンパトムへ出発。片道４３５Ｂ、約1時間半でサンプラン・リバーサイドにあるPatom Organic Villageに到着しました。

Patomは、自然を愛する家族によって育まれた、オーガニック原料を使ってタイの伝統的なプロダクトや生活を体験できる場所です。もともとバラ農園からスタートして、その後ホテルや農場を作り、２０１０年には現地のオーガニック農家を集めてSampran Model Movementを設立。地元が一丸となって、オーガニックのプロダクトを生産して、従来の農法からオーガニック農場へ移行するサポートもしているそう。敷地内には緑

バンコク郊外のオアシス

タイの伝統的な農場や農法を見学できます。敷地内には田園があるほか、ハーブやお花が咲き乱れていて、どれもすくすくと育っています。なにより空気が美味しい！

オーガニックはまず土から。ミミズに土壌をかき混ぜさせ、糞をさせることで栄養が増えて、結果作物がよく育つという循環だそうです。おじさん、ミミズを持って嬉しそうでした。

Patom Organic Spaで体験したThai Herbal Scrub。ターメリックで全身の毛穴の汚れをすっきり除去！　最後は100%オーガニックのモンローズを使ったボディクリームで保湿。

日傘を借りて見学！

敷地内にあるVANDA RESTAURANTで、地元のオーガニック農家が生産した食材も食べられるランチブッフェを堪能しました。一人550Bと割高ですが、せっかくなのでぜひ。

いっぱいの自然が広がり、農薬を使わずして300人のスタッフが自給自足もしているとか。

さて、TRAZYのバウチャーと引き換えにチケットをもらって、さっそくオーガニック原料から様々なプロダクトを作るワークショップを体験。私はバナナのパンケーキ作りと泥粘土を使った象作り、季節のお花で花飾り作り、ライスパウダーのスクラブ作りを選びました。どれも5分程度の簡単な体験でしたが、タイ人スタッフが懇切丁寧に教えてくれて、人とふれあう時間も楽しめました。その後、有機肥料や自然原料を発酵させて作った防虫剤などが作られる工程、大量のミミズが良質な土壌を作っているところなどを見学。手はかかるけれど、地球に優しくすることで、それが自分にも還ってくるのだという連鎖を目の当たりにしました。

Bangkok

ORGANIKA HOUSEでとことん綺麗になる

バンコクには、天然植物由来で豊富な香りを取り揃えたプロダクトとスパを提供するハーンやターン、パンピューリなど数々の有名ブランドがありますが、「オーガニカ」も同様に香り系スパブランド。オーガニック原料を使ったカフェメニューも人気。市内にはトンローとシーロムの2店舗があるので要注意。

スパの施術を受ける部屋へのゲートは、おとぎの国への入り口みたい。心が少女にかえって、幼い頃に憧憬した夢の世界を体現するかのような内装に、テンションがあがります。

MEMO

いつだって綺麗でありたいと願うのが乙女というもの！　バンコクのスパや美容アイテムはかなりレベルが高いので、財布の紐を緩めて心ゆくまで磨きあげたい！

とっても華やかな香りのクリームでしっとり

美の世界へ

「微笑みの国」タイは、人によって「美容大国」とも「オーガニック大国」とも言われるほど、女性が楽しめる要素がいっぱいの国。これまで私も、スパやマッサージ、シミ取り、腸内洗浄など、数々の美容をめぐってバンコクを数年満喫してきました。そして今、美容業界もサスティナビリティを意識して、天然植物というだけでなく、それが作られる土壌や過程を有機化して、人と自然の調和をめざすところが増えています。

今回、バンコク市内のシーロムというナイトスポットが楽しめるエリアにできたORGANIKA HOUSEというホームスパ&カフェに行ってきました。タイの有名女優スリリタ・ジェンセンさんがプロデュースしていて、とにかく外装、内装がワン

レセプションでメニューをオーダーする際にいただくオリジナルの瓶に入ったローズティ。味が濃くて、美容にいい感じ。1階のカフェメニューにはほかにもドリンクが多種ありました。

心とカラダ、自然にも良し

ORGANIKA AROMATIC MASSAGEを受けるときのオイル。レモングラスやローズなどいくつか香りが選べましたが、リラックスできるというミント系のものにしました。

スーパーフードのチアシードが入ったマンゴーパッションスムージーとバニラスムージー。オーガニックメニューの食事やスイーツもとても美味しいと評判です。

ORGANIKA HOUSEでは、アロマの力を信じて、数えきれないほどのオーガニック原料から選定して、極上の香りをブレンドして作っているそう。プロダクトは1階のショップに売っています。

ダフル。テーマは、フランシス・ホジソン・バーネットの小説『秘密の花園』ですって。喧騒や日常を忘れて、一瞬で乙女が描く夢の世界へ誘ってくれます。

私が体験したのは、ORGANIKA AROMATIC MASSAGE。4種類あるオーガニックのアロマオイルから一つ選び、全身をオイルマッサージしてもらいました。90分、ひたすら気持ちよく、魔法をかけられたみたいにすっきりとしました。その後、余韻を楽しもうと、1階の超メルヘンなガーデン風カフェで休憩。アダムとイブをコンセプトにした巨大なりんごの木のオブジェの下で、まだまだ心は夢うつつ。タイらしい南国のフルーツを使ったスムージーでビタミンをたっぷり摂って、百点満点の時を過ごしました。

食べて、買って、サステイナブルな私になる

オーガニックのはちみつも種類豊富でとても手頃な価格で嬉しい！

バンコクで、オーガニックと調べるだけでいくつもカフェやショップが検索できると思いますが、多くのカフェではさまざまなオーガニックプロダクトを販売しているので、エコバッグを持っていくと便利です。カフェは基本的に予約不要。オーガニックのマンゴーやバナナ、ヨーグルトなどを買って、ホテルで食べるのもおすすめ。

ちょっと辛めのキヌア入りソムタムと、黒米のライスヌードルを使ったパッタイ。パッタイにはお肉の代わりにお豆腐が。コールドプレスされたスイカのフレッシュジュースは濃くて甘くてとっても美味しい。

MEMO

体の内側から健康になれるオーガニックやヴィーガンのカフェが増えているバンコク。自然にも人にも優しいあり方がそこでは見られました。

オーガニックのラベンダーシャンプーやヘアマスク

体にやさしい食事

オーガニックの食材を使ったカフェはバンコクにいくつもありますが、動物性の食材を一切使わない完全ヴィーガンのカフェでもあるのが、トンローにあるBroccoli Revolution。ここは、体にとって健康的なメニューがあるばかりでなく、珍しいミャンマー料理などもあるのが魅力。さらに環境に優しい、まさにサスティナブルな一面としては、食器類はプラスチックを使わず、ステンレスやガラスのストロー、竹製の歯ブラシなどを推奨して販売もしています。個人的にヴィーガンというと、「物足りない味」でちょっと我慢しつつ食事をする印象があったのですが、ここは味もよく、食材のコーンやトマトなどもぷりぷりと新鮮で嬉しいかぎり！トンロー周辺には、タイ国内

バンコクに学ぶ取り組み

LEMON FARMには米、野菜、乳製品、お菓子といった食材からコスメ系プロダクト、洗剤などの生活用品まで幅広くオーガニック原料のものが売られています。ゆっくり見たら1時間はあっという間！

Broccoli Revolutionの店内。天井が高く開放感があり、グリーンに溢れ、自然の中にいるような気持ちのいい空間。ふらっと観光の疲れを癒しに立ち寄ったり、9時オープン（土日は7時~）なので朝ごはんにも◎。

LEMON FARMより規模は小さいものの、さまざまなオーガニックプロダクトに出会えるSUSTAINAのショップ。完全無農薬のお米は1キロで約400円~。

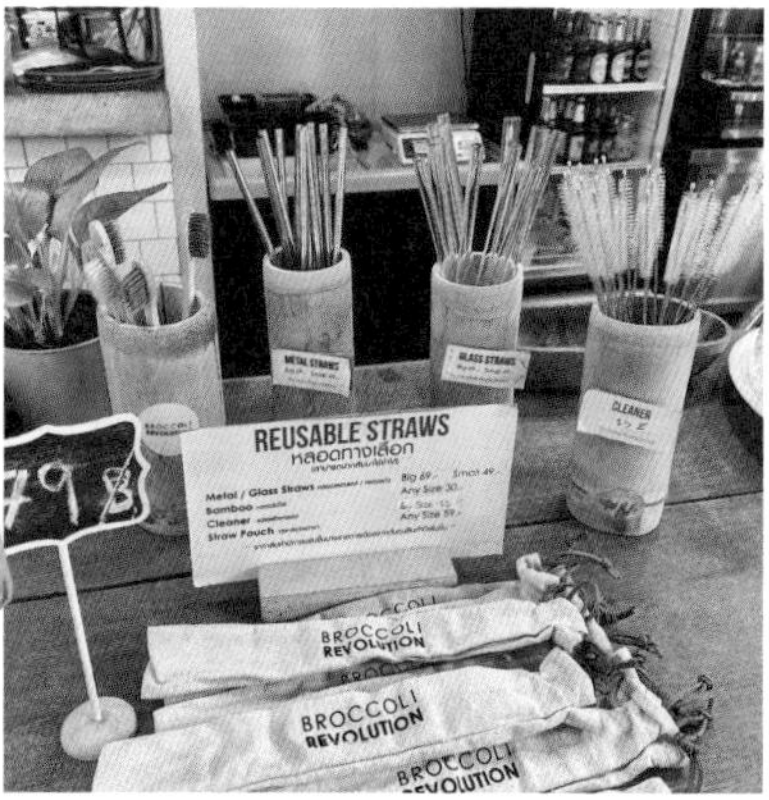

Broccoli Revolutionで売られているエコなストロー。バンコクではこういった環境に優しいストローを使う店が増えています。使い捨てはプラスチックではなく、紙ストローのカフェも。

のオーガニックプロダクトを集めたLEMON FARMというショップもあり、ここでは毎度シャンプーやボディスクラブ、歯磨き粉などを大量に買って帰ります。香りにもハズレがないし、タイのオーガニック美容プロダクトは年々洗練されていると感じます。日本では高額ですが、タイでは半額程度で手に入れられるのも嬉しい。

　トンローの隣のプロンポンには、SUSTAINAというオーガニックショップ兼カフェがあり、1階のショップではほとんどのものに日本語表記もあって、お土産を買うのに便利です。他にも、街を歩いているとテナントショップに、「オーガニック」と謳うところがいくつもあって、都市化とともに人と自然の調和と循環をめざすバンコクの勢いを肌で感じることができます。

タイ国際航空で、出国から帰国までタイを楽しむ

タイ国際航空に初めて乗ったのは5年前。それまでは、世界放浪の旅をしたこともあって、安ければ良いとＬＣＣに乗っていました。あるとき、タイ国際航空の評判がとても良いので、「どれどれ」という程度の気持ちで搭乗してみました。機内に入ると、入り口では、「サワディーカ」と手を合わせ迎えてくれる美人ＣＡさんたち。きらびやかなタイの衣装を身に纏って、とびきりの笑顔で。タイの衣装も色とりどりで異なり、南国のカラフルな鳥や蝶々みたいで、紫を基調とした機内をより華やかにしていました。客層もどことなく上品な感じ。タイ人や欧米人も多く、日本人はビジネスマンというよりはバカンスを楽しみに行くような人たちが多く、すでに熱気あるバンコクにいるみたいでウキウキとします。

温かいおしぼり、飲み物、おつまみが配られ、機内食はグリーンカレーなどのタイ料理。その時に、気づいたのです。「あ、もう空港を出た瞬間からタイが始まっている！」と。移動は、現地に行くまでの旅の空白時間と捉えていた私は、軽い衝撃を受けました。トイレにもタイのコスメブランドdivanaの香水が置いてあって、ふわ〜りとジャスミンのいい香り。

そうして先日も、タイ国際航空を利用してバンコクへ。日中仕事を済ませてから、行きは0時20分羽田発の便を利用。巨大な2階建てのジャンボジェットはホテルさながら。紫のブランケットにくるまり、ぐっすりと眠ってあっという間にバンコクに着いていました。早朝からフルでバンコクを楽しむことができるので、深夜便もおすすめです。帰りは、午後便にして日本へ。行き同様に、バンコクを飛び立ったというのにタイの雰囲気がずっと続き、羽田に着くまでタイを満喫することができました。ちなみにＣＡさんには日本人もいるので安心です。

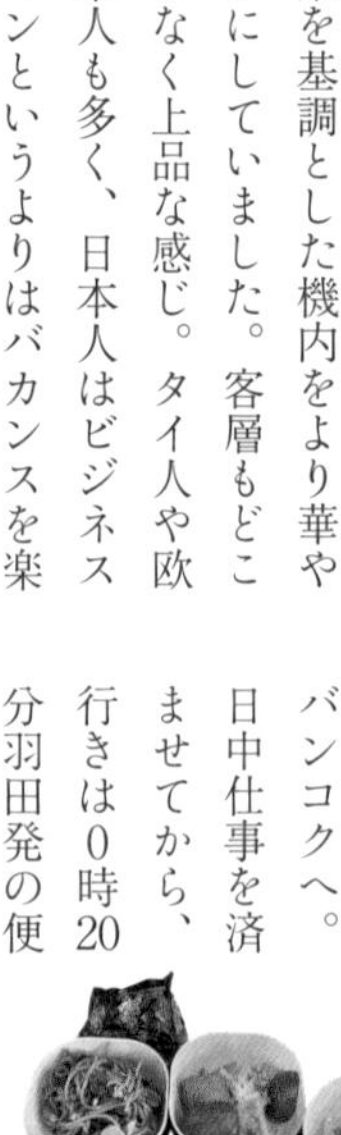

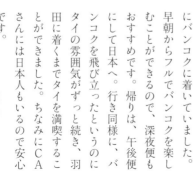

覚えておきたい、旅のメモ

初めてでも楽しいタイ

Wi-Fiを使う場合、日本でルーターをレンタルするより、バンコクでSIMカードを買うほうが安く、容量も大きく、断然お得。種類は、AIS、TrueMoveH、DTACなど。空港の到着口を出たら、いずれかのカウンターがすぐ見つかるはず。操作はすべてカウンターでやってくれます。私は、AISで7日間使い放題を290Bにて購入。タイの電話番号も手に入れられるので国内通話も無料でできて便利（国際電話にはなりません）。

ORGANIKA HOUSEの横にもまたオーガニックのテナントショップが設けられていました。市内を歩いているだけでも、オーガニックの勢いを感じられます。

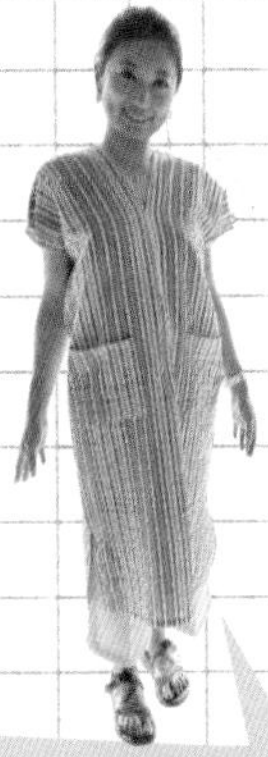

タイはハワイに似ています。日本人が多く住むエリアもあるし、街中で日本語をたくさん見かけたり、日本食レストランが軒を連ねたり、日本語を話せるタイ人もちらほらいたり。初めての海外旅行でも心強い国だと思います。

Patom Organic Villageのすぐそばにあるスクジャイ市場。ハンドメイドの洋服や食べ物などを売っているので覗いてみては。私はチェンマイで作られたブロックプリントのスカートを買いました。

移動はGrab Taxiを使うと便利。アプリは事前にダウンロードを。使用開始には電話番号がいるので日本でセッティングするか、タイのSIMカードに書かれている番号を入力してセッティングする。使い方はウーバーなどと同様、今いる場所と目的地をピンで立てて、「Book Grab Taxi」するだけ！

Patom Organic Villageの横にあるホテルでは、帰りのタクシーを呼んでもらうことも可能。ここでスパの予約もできます。

旅のアルバム

Patom Organic Villageのワークショップ体験で、バナナパンケーキ作りに挑戦。もたもたしてると、おばちゃんがほとんどやってくれます（笑）。

Patom Organic Spaでスパ体験。ボディスクラブで全身の汚れをしっかりと取ってもらいました。お肌がつるつる、柔らかくなりました……！

Patom Organic Villageの入り口。入るとすぐワークショップ体験スペースとなっています。事前チケットがない人は、ここでチケットを購入できます。

オーガニックショップ兼カフェSUSTAINA。1階では生鮮食品やオーガニックプロダクトが売られ、2階はカフェ。ガパオ定食をいただきました。ボリューミィ！

Patom Organic Villageでは大きなタンクで食料廃棄物を発酵させて堆肥化させたり、発酵果実から植物成長剤を作ったり。ほかにもハーブで作った防虫剤も。

ワークショップ体験で、Patom Organic Villageで作られた有機の土壌（クレイ）を使って、象さん作り。なかなかうまく作れませんでした……。

Patom Organic Villageで見せてもらった有機栽培するための土壌作りの過程。卵の殻も捨てることなく、肥料として利用するのだそうです。

100%オーガニックの原料を使ったモンローズのコスメ系プロダクトや雑貨などもある、Patom Organic Villageの2箇所のショップも、ぜひ覗いてみて。

VANDA RESTAURANTではPatom Organic Villageが支援しているオーガニック農業者の無農薬野菜などが食べられます。生産者の顔が見えて安心。

MEMORIES

ORGANIKA HOUSEのレセプション。こちらでウエルカムティをいただきながら、メニューを選びます。スタッフの皆さんはとてもフレンドリー。

おとぎの国の入り口のようなゲートを入ると、個室がずらりと並ぶORGANIKA HOUSE。高級感もあるのに、決して高くなくてオススメです。

シーロムにある一軒家のORGANIKA HOUSEは1階がカフェで2階がスパ。とてもメルヘンな世界で、一見の価値ありだと思います。

スパが終わった後のお茶とデザートもオーガニック。バタフライピーという紫色の花を使って着色。バタフライピーはお茶としても飲まれています。

Patom Organic Villageで生産・使用されるモンローズのコスメプロダクトやお茶は、すべて100%オーガニックだそう。とにかく香りがいい。

マッサージもとても上手で最高の90分を過ごせました。メニューは種類豊富で、時間があればまた来たかったORGANIKA HOUSEです。

LEMON FARMにあるオーガニックプロダクトは種類が豊富。日本では高いオーガニック系コスメをここぞとばかりに購入。お菓子や生活用品もあり。

ヴィーガンカフェBroccoli Revolutionのパンケーキ。グルテンフリーなので、低カロリーで健康的。ちょっと独特の味で好みが分かれそう。

中央のりんごの木(レプリカ)が印象的なORGANIKA HOUSEのカフェ。オーガニックの食材を使った料理は盛り付けが斬新で写真映えします。

日本から2時間半の
極東ロシアで、味わう
ロシア
（ウラジオストク）

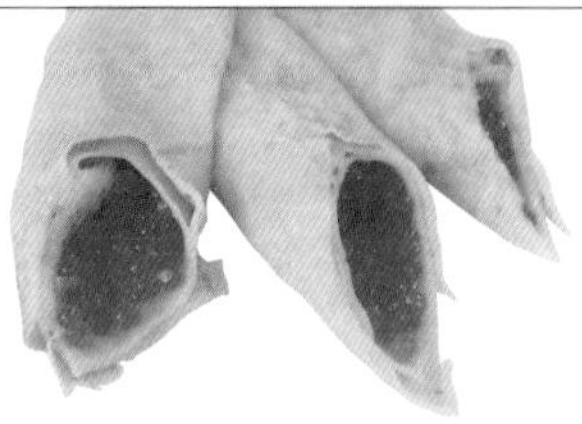

サーカスと海鮮グルメを楽しむ旅

ロシア

観て楽しい、
食べて美味しい。
地元ロシア人にまみれて
遊び尽くす！

DATA

近年人気が急上昇している街。街並みはヨーロッパのような佇まいを見せ、「日本からもっとも近いヨーロッパ」とも謳われる。時差は＋1時間と珍しい。英語はあまり通じない。

推奨滞在日数／予算

2泊3日～／10万円～（食費、お土産代はのぞく）

✈

広大なロシアの極東にある港町で、東京から飛行機で片道2時間半。簡易ビザ制度が始まって、渡航が楽チンに。LCCや日本の大手航空会社も直行便を出している。週末だけでも行ける。

旅をするだけで、日常生活ではなかなか味わえないドキドキワクワクが「これでもか！」と押し寄せますが、ウラジオストクでは童心にかえって心底はしゃいでしまうような体験をしました。地元ロシア人にとって小さい頃から身近な存在だというサーカスを観に行ったのです。チケットは、地元の方に助けられてなんとかゲット。人生で初めて観たサーカスは、さすが本場と言われるロシアだけあって、演出もパフォーマンスも愛らしい動物たちも、とてもレベルが高くてしびれました。そして、港町ならではの海鮮料理も朝昼晩と味わって、お腹のなかまでニッコリ。飛行機の便数も増え、さらに行きやすくなったウラジオストクは、観て食べて楽しむご褒美旅にぴったりでした！

歓喜の声が渦巻く本場サーカスへ

みんなで待ってるよ！

なかなかガイドブックにも情報がなく、ＨＰもロシア語メインで調べるのが難しいです。現地のホテルでも前日にネット予約をロシア人にしてもらったけれどうまくいかず。直接チケットを買いに行くのが無難。国立サーカスまでは中央広場から歩いて20分程度。観たい日にちに間違いがないよう紙に書いて行くとベター。

MEMO
昔ながらのスタイルを大切にしているサーカスを観たくてウラジオストクへ。ネット予約は難しいので、直前にチケットを買いに行く時間を見繕っておきましょう。

演目の合間の休憩タイムは、円形の舞台で子供たちがラクダに乗って楽しめる時間になっていました。サーカスは、子供だけでなく大人も感動するレベルの高さ。私は地元の子供たちの可愛さにも感動！

地元にまみれて

ロシアは、昔ながらのスタイルを続けるサーカスの本場。道化師ピエロがいて、動物の曲芸と、空中ブランコや綱渡りのような人間の曲芸が組み合わさって、地元の人たちの週末の娯楽となるようなサーカスです。ウラジオストクでも、夏になるとサーカスが盛り上がります。２０１７年には、ソ連時代から約40年続いていた国立サーカスが改装してオープン。私も観に行こうと決意！

　チケットの購入はサーカスのサイト環境が弱くて苦労しましたが、宿泊していた宿のスタッフたちに助けられて、前日直接買いに行ってゲット。当日、晴れてサーカスの観賞が叶いました。国立サーカス内は、小さな子供連れの家族で溢れかえり、

ボクと一緒に写真撮らないかい？

ホールは開演前や休憩タイムになると、観客で溢れかえり、みな写真撮影や演者たちの観賞に勤しんでいました。無料で写真に応じてくれる演者も。

童心にかえって楽しみたい

国立サーカス内には、可愛いサーカスのウォールペイントがあって、どれもとっても可愛いので写真撮影にオススメ！

夏になると、ロシア国内からいくつかのサーカス団がやってくるそう。ただし、毎日開催はしていないので、タイミングが合えば選り好みせず見るべし。

円形の舞台を囲むようにして観客席がありますが、チケットの値段は席によって変わります。残念ながら公演中は撮影禁止なので、公演前後や休憩タイムがチャンス。この日は満席！

開演前にはホールに設置されたブースで、動物や演者が写真撮影に応じたり、ピエロのフェイスペイントを子供にしてあげたりと大盛り上がり。観客席は、円形の舞台をぐるっと囲むようにあって、着席する前からピエロが観客を沸かせています。ワクワクの演目は、ペリカンが後方から舞台に飛び降り、トルクメニスタンの馬やライオンが芸をして、はたまた美しい演者がバレリーナのように踊っては高度な技を披露……など、「これぞサーカス！」という感じで一瞬たりとも見逃せず。舞台との近さも、迫力あり。ロシア語で進んでいくのですが、まったく問題にならないほど、観て存分にサーカスを堪能できます。隣も前後の席も地元の人ばかり。歓喜の渦のなか、一緒に声をあげて大ハッスルしました。

Vladivostok

港町で美味しい海鮮グルメを堪能

MEMO

シベリア鉄道の終着地でもあるウラジオストクは、オホーツク海や日本海が近くて、日本人にも嬉しい海鮮グルメの宝庫。お洒落なお店も急増しています。

ウラジオストクは、ロシア国内で水産物の取り扱いがトップの港だそう。毎年10月頃に、カニフェスタが約2週間開催されます。オホーツク海や日本海で獲れた生きたタラバガニや毛ガニなどを市内のレストランが格安で提供。ウラジオストク考案のカニフェスタは、ほかの街でも開催されています。

中央広場の朝市で見かけたタラバガニ。地元のお母さんたちが、タラバガニを買っているシーンを目の当たりにして、海の幸がいかに豊かな街かを実感。カニフェスタの時期にも来たい！

とことん海の幸

ロシア料理といえば、ボルシチやビーフストロガノフなど、野菜や肉を使った料理がひらめきますが、港町ウラジオストクでは海鮮料理をうんと楽しむことができます。島国である日本も海の幸では負けていませんが、ロシアのオホーツク海で獲れる魚介類を味わうべく、海鮮グルメを求めて旅をしました。

ウラジオストクを歩いていると、街中のレストランでタラバガニのモチーフや写真を見かけます。「一押し！」感がとてもあって、人気っぷりが窺えます。実際はタラバガニのみならず、イクラや生ガキ、ムール貝やナマコなどさまざまな魚介類が料理に出てくるので、海鮮グルメの宝庫という感じ。

どのお店が良いか迷いつつ、私は宿の近くにあったZUMA

国立サーカスに行く前に寄ったカフェALASKA Grill & Barのカニスープは旨味が出ていて超絶品でした。ぜひ、立ち寄ってほしいです！

潮の香りを感じて

オシャレなカフェSTUDIOで食べたイカスミパスタ。トマトソースかクリームソースを選べます。見た目以上に魚介類がごろごろ入っています！

ZUMAで食べたカニチャーハン。このお店ではアジア料理も幅広く出されるようで、味付けは中華風ですが、さっぱりとしたカニの味が利いてやめられない味。

ZUMAの一押しタラバガニ。かなりのボリュームでいただけます。メニューはカニ料理のバリエーションが多い。スタッフはみんな親切です。

という人気の海鮮レストランへ。タラバガニのチャーハンや、足の盛り合わせを注文すると、想像以上の量が「どん！」とテーブルに置かれました。じゅるりと唾を飲み込み、手袋をはめ、ハサミを持ち、いざ、厚みのある身にしゃぶりつく。シーズン以外は冷凍のようですが……、十分にイケる味！　それから、ランチで食べたSTUDIOのイカスミパスタは、エビやムール貝、イカがたんまりと入って、海の旨味がぐっと利いていました。

私、海外で食べるパスタはハズレが多いのですが、これまでで上位に入る美味しさだと思いました。実は朝、中央広場で催されていた青空朝市に顔を出し、魚介類がずらりと売られているのを見たばかりだったので、余計に美味しく感じられたのかもしれません。全体的に物価が安いのも嬉しい。

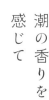

朝ごはんはこれで決まり！のブリヌイ

＼朝から大人気！／

MEMO
日本人にとっては高額なイメージのイクラが、ロシアではとっても安い（さらに安い「もどき」には要注意）。クレープにイクラという発想はウラジオストクならでは。

ほんのり甘い皮と塩気のあるサーモンがこれまたイケる！

サーモンやイクラは、新鮮な魚介類に慣れている日本人でも、多少の臭みが感じられるのは否めません。ただ、私は想像していたよりも癖や臭みが少なく、パクパクと食べられました。スーパーで売られている安い価格帯のものは、試したところ外れが多い。

大人気のブリヌイ屋さんUh Ty Blin。緑色のファサードが目印です。オープン10時の朝一番には長蛇の列。なるべく早く行くか夜が狙い目です！

人生一番のイクラ日和

ロシア人が大好きな郷土料理の一つに、ブリヌイというほんのり甘いクレープのような食べものがあります。16世紀頃すでにモスクワで食べられ、まあるく焼く生地は「太陽」の象徴とされていたという説もあるそうです。ウラジオストクでは、地元の人も観光客も、朝から大勢が並び出すブリヌイ屋さんUh Ty Blinが人気。

私が夜にふらっと立ち寄ってみたら、ほぼ満席。まずは席を取って、それからカウンターへ並び、「クラースヌイ・イクラ」(赤いイクラ)を注文。ロシアでは、魚卵はすべて「イクラ」というので、日本でいうイクラは、「赤い」を付けないと通じません。

とはいえ、すでに日本人が赤いイクラを好きなのは百も承知の店員さんたちは、「イクラ」と

郵 便 は が き

料金受取人払郵便

代々木局承認

6948

差出有効期間
2020年11月9日
まで

1 5 1 8 7 9 0

203

東京都渋谷区千駄ヶ谷 4-9-7

(株) 幻 冬 舎

書籍編集部宛

1518790203

ご住所 〒
都・道
府・県

フリガナ
お名前

メール

インターネットでも回答を受け付けております
http://www.gentosha.co.jp/e/

裏面のご感想を広告等、書籍の PR に使わせていただく場合がございます。

幻冬舎より、著者に関する新しいお知らせ・小社および関連会社、広告主からのご案内を送付することがあります。不要の場合は右の欄にレ印をご記入ください。

不要 □

本書をお買い上げいただき、誠にありがとうございました。
質問にお答えいただけたら幸いです。

◎ご購入いただいた本のタイトルをご記入ください。

『　　　　　　　　　　　　　　　　　　　　　　　　』

★著者へのメッセージ、または本書のご感想をお書きください。

●本書をお求めになった動機は？

①著者が好きだから　②タイトルにひかれて　③テーマにひかれて
④カバーにひかれて　⑤帯のコピーにひかれて　⑥新聞で見て
⑦インターネットで知って　⑧売れてるから／話題だから
⑨役に立ちそうだから

生年月日　西暦　　　年　　月　　日（　　歳）男・女				
ご職業	①学生	②教員・研究職	③公務員	④農林漁業
	⑤専門・技術職	⑥自由業	⑦自営業	⑧会社役員
	⑨会社員	⑩専業主夫・主婦	⑪パート・アルバイト	
	⑫無職	⑬その他（　　　　　　　）		

このハガキは差出有効期間を過ぎても料金受取人払でお送りいただけます。

ご記入いただきました個人情報については、許可なく他の目的で使用することはありません。ご協力ありがとうございました。

地元の人も大好きなひと皿

中央広場の青空朝市で見た大量のイクラ。地元の人たちが次々と購入していました。500グラムで約2500円～のようです。

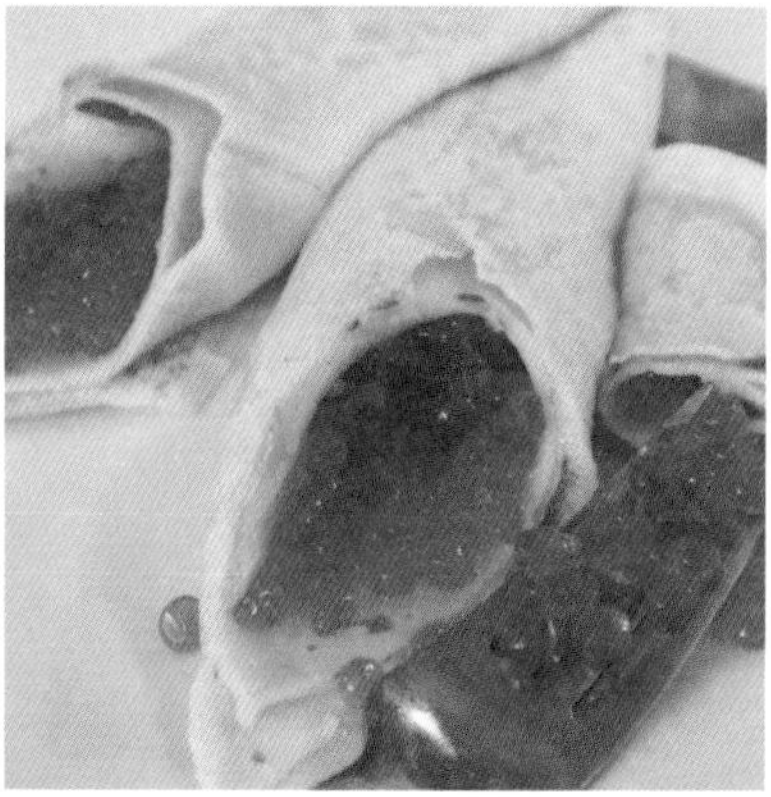

イクラが奥までぎっしりと詰まったブリヌイ。ほどよい塩加減で、臭みも少なくて美味しい。時間帯によってはイクラがないときもあります。

夜になるとまったりモードの店内。朝より地元の人が多い印象なので、ゆっくりと地元気分を味わいたいなら夜がオススメ。

サーモンとクリームチーズのブリヌイ。ぎっしりと詰まったサーモン。ナイフで切ると生地から溢れだしてくるほど。

言ったただけですぐに理解してくれたし、日本語メニューも用意がありました。その、ぎっしりとイクラが詰まったブリヌイの量に驚きましたが、食べても驚き。生臭くなくて、塩加減もよく、一人であっという間に食べてしまいました。これで一皿500円以下というのだから、さらに驚き！

翌朝、朝ごはんにまたブリヌイを食べたくて飽きずに再訪。開店数分前に行ったら、観光客が長蛇の列をなしていました。このとき注文したサーモンとクリームチーズのブリヌイは、ハーブのディルがしっかりと利いてさわやかな味わい。ほんのり甘い生地に、シーフードが合うことこの上ない。あ～、今度はジャムを載せてとことん甘く食べてみたいな、と横の人が食べているスイーツ系のブリヌイを見て密かに思ったのでした。

サーカスを観るまでに

あらかじめ日本で国立サーカス専用ウェブサイトからチケットを購入しようとしたけれど、ロシアの電話番号が必要で、かつ英語版も不具合で断念。旅をする日に公演があるかだけなんとか調べて、あとはウラジオストクに着いてからどうにかしようと旅立ちました。まず、宿のHostel & Apartments Loftに到着するなり、受付の女性に助けを求めました。HPを開き、購入に必要なロシアの電話番号や住所などは、宿のものを入力。ところが、座席の指定もして購入しようとすると、クレジットカードがリジェクトされました。3枚のクレジットカードで試してもらったけれど、全部NG。彼女も困り顔で、「明日の朝買いに行くのがベスト！」と強く勧められました。予約画面では席数が残りわずか。焦る気持ちを抑えて翌朝直接買いに行くことに。

朝になると、宿の受付の女性が翻訳アプリを駆使して「ロシア人の宿泊者があなたを助けます」と言い、すぐにアンドレさんというおじさんが出てきて一緒に国立サーカスまで行ってくれるといいます。彼はナホトカから家族で来ていて、昨日子供たちとサーカスを観に行ったばかりなのだそう。宿から近道をぐいぐい進み、中央広場前でローカルバスに乗車。「7歳の頃に僕は初めてサーカスを観たよ。あの頃は大きく感じたけど意外と小さいね」と笑って、バスの運賃を出してくれました。窓口では、英語が通じず、アンドレさんが残席わずかのなかから「オススメの席」（舞台の後ろ側は良く無いそう）を押さえてくれました。いざ、窓口でクレジットカードを渡すと……使えました！ようやく買えたチケットをにぎりしめ、帰りもバスに乗って、中央広場前でアンドレさんとお別れ。チケット購入までの道はハラハラドキドキでしたが、地元の人の助けと優しさに触れることもできて、初めてのサーカスには「＋α」の素敵な思い出が刻まれました。

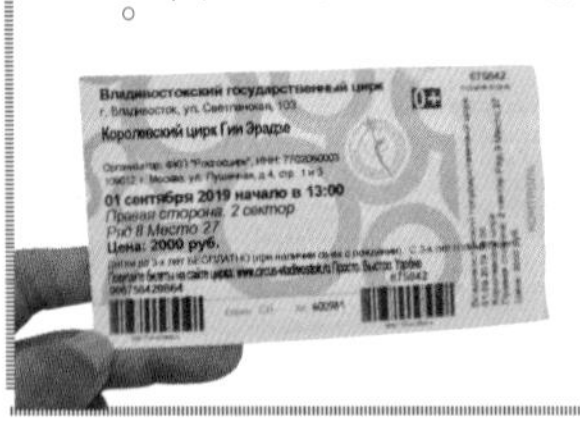

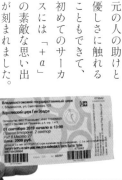

覚えておきたい、旅のメモ

魚介類が水揚げされるウラジオストクは、漁業のほか造船業や軍港関連の産業が盛ん。港では、軍艦が多数停泊しているので見に行くのも面白いです。ちなみに、ウラジオストク空港では、ボイル後、冷凍したタラバガニをまるごと1匹お土産に買って帰れるお店があります。

地元にまみれてこそ

日本ではボリショイサーカスとして有名なロシアのサーカス。東京ドームなどで来日公演もあります。ただ、舞台との近さやロシア人とのふれあいを求めるならば、ぜひウラジオストクで！

宿をうまく利用すべし

ウラジオストクの滞在先で、スタッフにサーカスの予約（ただしサイト環境が改善された場合）やレストランの予約をしてもらうと良いです。とくに人気のレストランは地元の人も多く利用するので事前の予約が無難。

スーパーで売られている魚卵を買ってみました。どちらも200円程度と非常に安い。ぜひお試しあれ。お味ははっきり言ってイマイチ！ でも癖になる人はいるかも？

国立サーカスの窓口で、カード決済の直後に観たい日を間違えていたことが発覚。再度チケットを購入して、さらに払い戻しの手続きはアンドレさんがいたからこそできたけれど、おそらく一人では不可能なほど面倒。日にちに間違いがないか、カード決済の前に必ず確認しましょう！

旅のアルバム

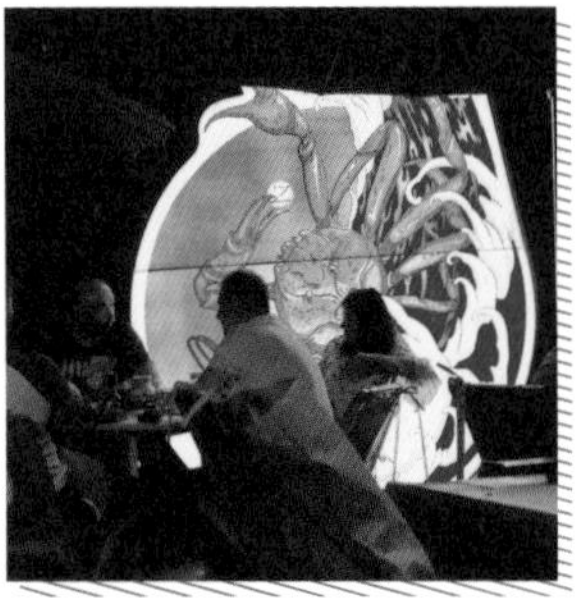

ZUMAのカニは有名です。実はカニフェスタ主催の中心となっているお店なのです。カニフェスタ期間中は価格も半額ほどでお得です！

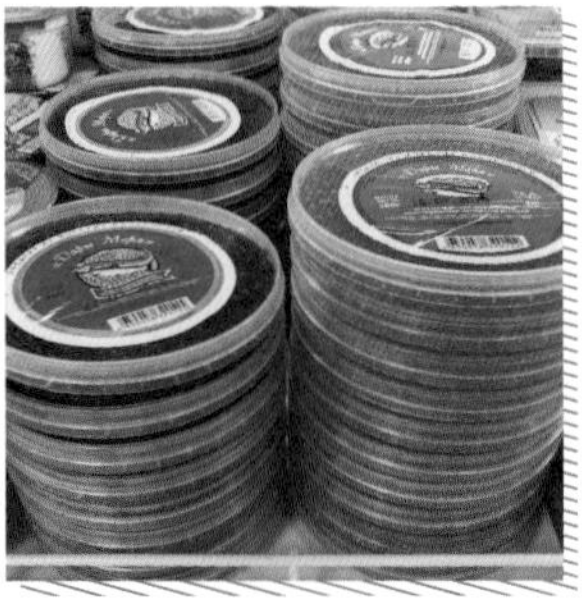

ショッピングセンターClover Houseの地下などで、イクラやキャビア、サーモンなどが買えます。イクラもどきもあるので、値段で確認を！

海鮮グルメを楽しめるウラジオストクは海に抱かれている港町。わずかな夏には、海辺で過ごしている地元の人がたくさんいました。

ZUMAの店内はおしゃれ。広くてとても雰囲気があります。スタッフも親切で、おまけにキムチをサービスしてくれました。

中央広場の青空朝市では、カニのほか、エビやイクラ、サーモンなどが豪快に売られていました。地元の人たちも豪快に買っていきます。

街中でもカニ。写真スポットにもなっています。ロシアでこれほど海鮮推しの観光地はウラジオストクくらいだ、とはロシア通の友人情報。

金角湾にかかる黄金橋とも呼ばれるゾロトイ橋はウラジオストクの芸術作品ともいえる斜張橋。この下を通って国立サーカスへ向かいます。

街を東西に走るメインストリートのスヴェトランスカヤ通りを歩いて国立サーカスへ。ヨーロッパ調とロシアらしさが融合された雰囲気。

ALASKA Grill & Barで食べたデザート。店員のお姉さんが日本語で「ありがとう」とニッコリ言ってくれる素敵なお店です。

MEMORIES

サーカスの中へ入る通路から熱気が溢れています。子連れの家族がいっぱいで、ウラジオストクで一番地元の人にまみれられる場所だと思います。

国立サーカスのホールからすでにワクワク！ 中には撮影スポットがいくつかあるので、写真撮影もお忘れなく。また公演前に必ずトイレへ。

おじさんに連れられて国立サーカスへ向かうときに乗ったバス。中央広場前から乗車しました。ローカルバスの乗り方はかなり難易度高そう。

会場外のエリアでは、あまり飲食店は充実していませんでした。しっかりご飯を食べてから来たほうがよいと思います。

公演直前、すでにピエロが会場を沸かせていました。すごい熱気！　公演中は写真撮影は厳禁なので、公演前後か休憩中に撮影をしましょう。

国立サーカスのチケット売り場には早朝から何人もが買いに来ていました。ロシア語のみなので、紙に日付や時間を書いて見せるとスムーズ。

2017年に改装されて新しくなった国立サーカス。外観がかっこいい。ソ連時代から続く歴史的な場所は、地元の人たちに愛されているようです。

動物たちも頑張って活躍していました。おとなしく、写真撮影に応じる健気な姿に、心から「がんばれ！」と思って見ていました……。

ピエロ風のフェイスペイントをしてもらっている子供たち。ロシア人の子供はみな可愛くて(断言)、見ているだけで心癒されました。

タパスとアートに恋する旅

スペイン

（ビルバオ／サンセバスチャン）

バスク地方でとことん肥える旅

世界屈指の美食家やアート好きが集う北スペインで、お腹も心も肥える贅沢な時間

DATA

ピカソやダリ、ガウディなど歴史に名だたる芸術家を生んだスペインは、美食国家としても有名。スペイン料理は2010年にユネスコ無形文化遺産に登録されました。とくに美食発祥の地と言われるバスク地方は、フランスとの国境に位置する自治州で、独自の言語や文化があります。

推奨滞在日数／予算

5泊7日／25万円～（食費、お土産代はのぞく）

✈

日本からパリやアムステルダムなどでトランジットして、ビルバオまで約18時間のフライト。ビルバオからサンセバスチャンまでバスで約1時間半なので、ビルバオからの日帰りも可能。

街を歩くと、歴史的で芸術的な建築に出くわし、裏路地では人で溢れかえった美味しそうなタパス料理屋が軒を連ね、すれ違う地元の人たちは「Hola!（やぁ！）」と挨拶を交わす。そんな街があちこちにあるのがスペイン。しかも、同じ国の中で地方によって文化圏が異なるので、街並みも風習も多彩な顔を見せるのが魅力。行くほどに「またこの街に来たい」と「他の街も見てみたい」の葛藤で、ここ数年は、年に1度はスペインに行きたいと予定を立てるほど恋しています。ヨーロッパにしては物価が安いのも嬉しい限りだし、「マナーよりは、美味しく食べよう！」という肩肘張らずに楽しめる雰囲気が大好きです。行けば自然と目もお腹も、心も肥えちゃう。今回はバスク地方を探訪します。

Bilbao

グッゲンハイム美術館とタパスを味わう ビルバオ

MEMO

旧市街と新市街で雰囲気が異なるビルバオ。目的は新市街にある美術館へ行くこと。時間があれば、旧市街へ移動してタパスを食す時間をとことん楽しみたい！

バスク州でもっとも人口が多い港町。古来工業都市として栄えましたが、グッゲンハイム美術館がオープンした1997年以来観光都市として発展。チケットは窓口でも買えますが、事前にオンラインで購入すると、行く日と時間を選択できるので楽チン。

懐かしいような家庭的な味のクッキーも多くて美味しい！

今となってはビルバオの顔となったグッゲンハイム美術館。鈍く光るチタニウムが、工業都市として繁栄していた時代を彷彿とさせます。野外常設作品のジェフ・クーンズ作「パピー」が出迎えてくれます。

街歩きも楽しいビルバオ旧市街

気張らず楽しむ

数々の芸術家を生み出したスペインは、美術館の数も多く、「アート」を求めて旅する人も多いはず。ただ、近現代美術館は数少なく、その代表格の一つがビルバオ・グッゲンハイム美術館。バスク地方には、もともと多くの芸術家がいて、美術館建築の際には「バスク文化の危機」として反対派も多かったようです。現在反対派の意見は静まり、その経済効果は建築費用を優に超えたとか。歴史ある街にどんと建てられた美術館は、近代建築の巨匠と呼ばれるフランク・ゲーリーによるもの。チタニウムの鈍く光るスタイリッシュな外観とは一転、中は白を基調として爽やか。天井まで吹き抜けで、開放感も抜群です。ロスコの絵

好奇心満たされる街めぐり

ヌエバ広場の隅にある超人気バルGURE-TOKI。いつも混んでいるので、臆せず「これ」とカウンターに並んだピンチョス（フィンガーフード）を指差して注文してみましょう。

ビルバオ・グッゲンハイム美術館は、アメリカのグッゲンハイム美術館の分館という立ち位置。常設展でも企画展でも国外の芸術家の作品が多いです。

新市街にある人気のバルEL Globo taberna。ピンチョスは2ユーロ以下のものがたくさん。ワインは1.4ユーロから。ボリュームがあって、とっても美味しい！

GURE-TOKIのカウンターに並ぶ豊富な種類のオリジナルピンチョス。裏通りから入ると座る席がいくつかあります。うずらの卵とマッシュルームのチーズスープが激ウマ。

や、彫刻家リチャード・セラの体験型アートなど常設展や企画展を鑑賞していたら、あっという間に2時間が経過します。

一方で、ビルバオの旧市街を歩けば無性にほっとします。そこには、〝スペインらしさ〟が溢れています。歴史的なバロック様式のサン・ニコラス教会やゴシック様式のサンティアゴ大聖堂があったり、ヌエバ広場ではタパス料理屋さんが軒を連ね、がやがやとたくさんの人が昼間から目一杯食べることを楽しんでいます。幸せそうなみんなの顔を見て、私も、人気バルにえいっと入ってみました。にんにくのいい香り。気になるタパスを注文して、ワインも一杯だけ。午後はのんびり街を歩いて、お腹が空いたらまたバルに入ろう。そうそう、この心赴くまま気張らなくていいのが、スペインの魅力なのです。

San Sebastian

美食の街ではバルをはしごしまくる！サンセバスチャン

MEMO
スペイン人もヨーロッパ人も、美食家はみなサンセバスチャンへ行くと耳にします。2、3キロ体重増加も覚悟で、行ける限り何軒もバルをめぐりたい！

スペイン料理のタパスは一皿料理という意味。ピンチョスはタパスの一種で、小さくスライスしたパンの上に小料理を載せて一緒に食べる一品料理。サンセバスチャンには、タパス料理のバルのほか美食レストランも多く、店の数は約100軒。ちなみにスペインで11店あるというミシュランの3つ星レストランのうち、2店がサンセバスチャンにあり。

雰囲気ある旧市街の中には昼間からオープンしているバルがたくさんあります。歩いているだけでもワクワクして心躍ります。ちなみに、バルセロナよりも北で気温は低め。余計に食べちゃう？

美食発祥の地

ビルバオから日帰りで「食べるためだけに来た！」と胸を張りながら、観光はせず、事前に目星をつけたバルを何軒もはしごしました。スペインはどの街でもそうですが、タパスを一皿食べてお会計しても嫌な顔ひとつされません。むしろ、各店自慢の料理をいただいて、短時間で次々にはしごするのがよし。とくに美食の街として観光地化されている今、さくっと食べて店を後にしてくれたほうが、多くの客に料理を振る舞えるのでまったく問題になりません。ところで、海と山に恵まれた土地柄、豊富な食材がとれるのはもちろんですが、美食発祥の地と言われるのには訳があります。それは、知る人ぞ知る秘密結社Gastronomia Society、通称「美食倶楽部」の存在。19世紀後半、

世界が認めるスペイン料理の本気

サンテルモ博物館の近くにあるフォアグラの美味しい店La Cuchara de San Telmo。ピンチョスなどタパスを食べた後の締めに、がつんと食べに来たいお店です。

Borda Berriではタコのグリルとチーズリゾットが人気。とくにタコはとろとろ。スペインはヨーロッパでもっとも魚介類を食べる国の一つです。

チーズケーキが美味しいLa Viñaは、注文するとワンピースずつお皿に載せてくれます。どんなにお腹がいっぱいでも、テイクアウトできるので立ち寄ってみてください！

サンセバスチャンで人気有名店のBorda Berriはどの時間帯を覗いても人でいっぱい。カウンターで立ち食いですが、雰囲気もよくて「バルに来たぞ！」という感じがします！

美食家や料理家が男性のみ集まって、料理の研究を重ね、レシピや美食を分かち合ってきたそうです。それゆえ、街全体の食レベルが高く、文化や政治的背景などもしっかりと料理に反映されているみたい（スペイン通の人からのお話）。単に料理上手なシェフが集まってきたわけではなくて、歴史を刻んで育まれた真の美食の街なのです！

そんなわけで、バルはしごの最後、デザートはチーズケーキで有名なLa Viñaで。店内に立ち込める甘い香りに、パンパンのお腹はどこへやら。チーズが美味しいのもあって、さらりとした酸味ととろとろの半生の焼け具合が絶妙でした。スペイン語の「ムイ・ブエノ！（超美味しい）」をしっかりと覚えて帰りました。

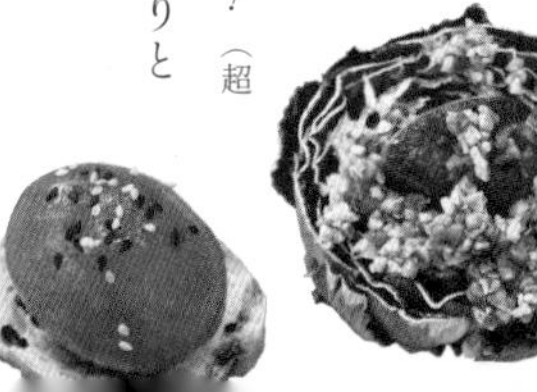

食べながら覚えるスペイン語

スペインを旅するときは、「よーし、食べるぞ！」と俄然気合いが入ります。今回は美食のバスク地方を旅しましたが、バルセロナでもマドリードでも、アンダルシア地方のマラガでも、基本的にはとっても美味しい。タパスに生ハム、パエリア、果物など、山や海の恵みをたくさんいただけるし、素材を生かした家庭的な味が美味しさの秘訣だと思います。こうしてバルをめぐるうちに、バルで使う最低限のスペイン語を覚えるようになりました。たとえば、「muy《ムイ》 bueno《ブエノ》（超美味しい）」「dos《ドス》 por《ポル》 favor《ファボール》（ふたつください）」「esto《エスト》（これ）」「La《ラ》 cuenta《クエンタ》 por《ポル》 favor《ファボール》（お会計お願いします）」など。観光地では英語も通じますが、郊外の町や村ではほとんど通じません。メニューもスペイン語のみ。ビルバオは、サンセバスチャンよりもはるかに地元の人たちの往来が激しく、観光地とはいえまだまだスペイン語が主流でした。かえってそのほうが、単語を少しずつ覚えようという気にもなるし、地元の人たちも喜んでくれるので、前向きに（食べながら）スペイン語を勉強しよう！と思っています。ただ、ときにはこっぱずかしい経験も。

あるときバルに入って、スペイン語で「Vaso《バソ》（グラス）をひとつ」と店員のお兄さんにお願いしました。ところがお兄さんの顔が、「え？」とびっくりした顔に。落ち着いて考えると、どうやら「Beso《ベソ》（キス）をひとつ」と言ってしまったようです。慌てふためく私に、「おお、それはいいね！」と笑いながら、グラスをさっと持ってきてくれました。おかげで、二度とグラスとキスを間違えることはなくなり、さらにいうと単語も忘れずに済んでいます（笑）。

ちなみに、スペインはビールもワインもカバ（スパークリングワイン）も美味しい！　お水はよくガス入りの水にレモンを入れてもらうことが多いです。片言で、「Agua《アグア》 con《コン》 gas《ガス》 y《イ》 limon《リモン》」でなんとなく通じるので、お試しあれ。

覚えておきたい、旅のメモ

ビルバオの旧市街カスコ・ビエホ地区は、朱色の屋根がぎゅっと密集しています。にょきっと天にそびえる尖塔はサンティアゴ大聖堂。カスコ・ビエホ地区は迷路みたいなので、グーグルマップなどにピンを立てながら歩くと便利です。

ビルバオは少し広いので、新市街と旧市街では地下鉄に乗ると便利。カスコ・ビエホ地区へ行くには、「Casco Viejo駅」で降りると、目の前がミゲルデウナムーノ広場です。

旧市街を歩くだけで心躍る

ビルバオは「サンティアゴ・デ・コンポステーラ巡礼路」のCamino del Norte（北の道ルート）の街。時折、巡礼者の貝と言われるホタテ貝をリュックにつけた旅人をみかけます。

外観からしておしゃれなお店も多く、気になったら入ってみるべし！

2019年12月に、ビルバオに新しいバスターミナルがオープンしました。サンセバスチャンへのバスは、ALSA社とPESA社が運行しています。

旅のアルバム

「ザ・マター・オブ・タイム」は、本作品を置くために美術館の設計がなされたというほど。学校の課外授業の一環なのか、子供たちも観に来ていました。

美術館の代表的な作品でもあるリチャード・セラの体験型アートで、鉄のオブジェ「ザ・マター・オブ・タイム」。作品の中を歩くことができます。とても前衛的！

ビルバオ・グッゲンハイム美術館の中は、吹き抜けになっていてとても開放感があります。上の階からグランドフロアにいる観光客を覗くと、現代アートの一部に見えてきます。

ビルバオは新市街の美術館に行き、あとは旧市街を中心に散策するのがオススメ。サンティアゴ大聖堂の周辺は石畳で雰囲気があります。

直線と曲線を感じさせる構造がとてもカッコいい。このフランク・ゲーリーの建築を観るためだけでも来る価値あり！

美術館の屋外に置かれたジェフ・クーンズの作品「パピー」。高さ12メートル以上ある巨大な花の犬。造花ではなく生きた花が植えられ、とても華やか。

GURE-TOKIの人気メニュー、バスク地方のイディアサバルという羊のチーズを使ったうずらの卵入りスープ。とろりと濃厚。チーズ好きはぜひ！

ビルバオのオススメのバルGURE-TOKIは、見た目もおしゃれなタパスが多く、最高に美味しい。タパスの基本中の基本パン・コン・トマテに生ハムが載った一品はぜひ！

ビルバオのZuga tabernaはピンチョスをはじめ美味しいタパスが人気。英語が通じないスタッフもいるので、直接指差しで注文するのがオススメ。

MEMORIES

サンセバスチャンの旧市街からほど近い北大西洋につながるビスケー湾。海と山に挟まれたバスク地方だからこそ、美食が育まれたといえます。

夏の間、スペインは夜10時前でもこの明るさ。1日がとっても長く感じられます。スペイン人は夜ごはんが遅いのも特徴。夜9時頃から食べる人も多い。

店名を忘れてしまったけど、朝ごはんにふらりと入ったビルバオのバル。豊かな食材を使った種類豊富なピンチョス。朝からたくさん食べてしまいます。

サンセバスチャンのBorda Berriで食べたチーズリゾットはとっても濃厚なのに、するすると食べられる、この店の代表的な料理。

サンセバスチャンの街中には約100軒の飲食店があり、出される料理はどれも個性的だとか。人気店以外でも、気になるお店があれば入ってみるべし。

サンセバスチャンの旧市街は格子状になっていて、道がわかりやすく散策もしやすい。店によって空いている時間が違うので、調べて効率よく回るべし。

サンセバスチャンからビルバオに帰るバスターミナルへは、とても美しいと評判のマリア・クリスティーナ橋を渡って。川を渡ればすぐバスターミナル。

イチオシのチーズケーキを出すLa Viña。オープンは11:00~15:30と19:00~22:45。スペインにはシエスタ文化があるので来店時間に気をつけて！

La Cuchara de San Telmoではフォアグラ料理だけでなく牛肉の頬煮込みも大人気。とろとろで、とっても美味しい！ 席に着いたら早めに注文を。

日が沈む国の
ディープな世界に酔いしれる

ポルトガル

（ポルト／モンサント）

不思議な村とワインをめぐる旅

巨大な岩と共存する
歴史的な村と、
ポートワインを楽しむ

DATA

ポルトは、大航海時代にもっとも栄えた街の一つで、多くの船団をこの港から送り出している。栄枯盛衰の歴史を感じる旧市街は、世界遺産。モンサントは、「聖なる山」を意味する不思議な景観の小さな村。

推奨滞在日数／予算

5泊7日／25万円～（食費、お土産代はのぞく）

✈

日本からヨーロッパの街を経由してリスボンかポルトへ。リスボンからポルトまでは飛行機か電車で。モンサントまでのバスが発着しているカステロ・ブランコまで、リスボンからバスか電車で2時間半～3時間。ポルトからは4時間程度。カステロ・ブランコからモンサントへのバスは1日1～2便しかないため、カステロ・ブランコかモンサントで1泊必要。

これまで様々な国の街を旅してきましたが、一つの国でこれほど、それぞれの街が個性的で面白いと感じるのは、太陽が沈む国、ユーラシア大陸最西端のポルトガル。大航海時代の栄華を物語る壮麗な建築や、アズレージョと呼ばれるタイルの装飾が美しい街並みはもちろん、小さな村がとっても面白いのです。とくに、「ポルトガルで最もポルトガルらしい村」と称されるモンサントという秘境の村は、空から降ってきたような巨岩群の中に民家がある、摩訶不思議な景色をしています。港町ポルトは、ポートワインのワイナリーの見学や試飲もできて、ほろ酔い気分で美しい旧市街を眺めると、栄枯盛衰の歴史を目の当たりにするような、ノスタルジックな気分で胸がきゅんとしてきます。

Porto

ほろ酔い、夢心地で歩きたい港町
ポルト

圧巻の樽が並ぶよ

MEMO
ポルトは「港」という意味。ノスタルジックな気分になる街並みを歩いて楽しみ、芳醇な香りに包まれて、古より愛されたポートワインをたしなみたい。

ワイナリーにはそれぞれ紋章があるようです

食後酒として知られる甘口のポートワインは、ポルトガル北部で造られる酒精強化ワイン「ビーニョ・ド・ポルト」。内陸部のドゥエロ渓谷でしか採れない品種のぶどうを手づかみで収穫して、じっくりと熟成させたワイン。ポルト港から積出させるのでこの名が付いたそう。14世紀には生産が始まっていたようです。

街中にあるアズレージョも見所！

ドン・ルイス一世橋から見下ろした旧市街。朱色の屋根がひしめき合い、「魔女の宅急便」の舞台と噂された街の一つでもあります。川沿いの「カイス・ダ・リベイラ」地区は、レストランのパラソルがずらりと並んで楽しげな雰囲気。

本場の美味しさ

ポルトの街は、歴史を感じるポルト大聖堂やクレソゴス教会、サン・ベント駅など情緒溢れる建物がみっちりと立ち並ぶ美しい景観の旧市街と、ドゥエロ川を挟んだ対岸のワイナリーが立ち並ぶヴィラ・ノヴァ・デ・ガイア地区が観光の見所となっています。

旧市街を散策後、せっかくポルトに来たのだから、本場のポートワインをワイナリーで試飲しようと、旧市街からドン・ルイス一世橋をちんたら歩いて渡り、素晴らしい景色を眺めつつヴィラ・ノヴァ・デ・ガイア地区へ。ポルトはアップダウンが激しい道が多いので、少し息が切れますが、大きな門を構えるワイナリーが軒を連ね、異国情緒に溢れた歴史ある石畳の道に心弾みます。

古の時に思いを馳せながら

見学の最後に試飲させてもらえるポートワインは、赤と白の2種類。赤はトロリと甘みのある芳醇な味わいで、白はすっきり辛口という感じでした。

ポルトガルの街並みの特徴といえば、坂道の多さと美しいアズレージョ。ホテルやレストラン、民家など至るところで壮麗なタイルが残っています。まるで街全体が生きた美術館のよう！

1869年創業の「世界一美しい本屋」と称されるレロ・イ・イルマオン書店。小さな2階建てで、雰囲気が素敵。入場料は5ユーロで、本を買えばその分差し引いてくれます。

ドゥエロ川には上流の生産地からポルトまで、かつてポートワインを運搬していたラベーロという帆船が展示されています。川の対岸は旧市街で、美しくノスタルジックな佇まい。

1692年創業で3世紀以上の歴史を持つ老舗のTAYLOR'Sに入り、チケットを購入して見学開始！　貯蔵庫では、ずらりと並ぶ樽の数に圧倒され、ワインの芳醇な香りがふんわりと漂い、これぞワイナリーという感じ。樽には一つ一つ、ぶどうが収穫された年と熟成年数が書かれていました。まさに、一つ一つがタイムカプセルのよう。ポートワインの説明をする展示室から超巨大な樽のあるスポットなど、受付でもらったマップ通りに11箇所の見所スポットを進めば、なんだかワイン通になった気分。見学を終えると、いよいよ試飲タイム。赤と白の2種類を試せます。トロリと熟成され、いやはや本場の味に勝るものなし。ほんのり酔いつつ、テラスで最高の時間を過ごしました。

Monsanto

この世にあらざる景観
モンサント

モンサントへはアクセスが難しいので（1日のバス本数が1～2便）、事前にカステロ・ブランコまでのバスや電車の時刻をしっかり調べましょう。とにかくカステロ・ブランコでモンサント行きのバスに乗れるように行動を。また、平日と土日祝日ではバスの時間が変わるので要注意。カステロ・ブランコからタクシー利用も可能。日帰りの場合は、2時間滞在で70ユーロから交渉を。

まるで空から巨大な岩が落ちてきたような巨岩が屋根の役割をしている民家。世界で最も不思議な街並みの一つだと思います。現在は、政府による「ポルトガルの歴史的な村」に認定されています。

MEMO

世界屈指のユニークな街並みと言えるモンサントには、ゆっくり時間をかけて滞在したい。平原の地平線に落ちて行く夕陽を見て、巨岩が太陽のような存在に思えました。

モンサントで食べたオリーブオイルを大量に使ったタコのグリル

秘境に辿り着く

首都リスボンからバスに乗ってちんたらと、3時間弱かけてカステロ・ブランコに到着。バスを乗り換えて、やがて、果てしない平原に標高700メートルほどの小高い岩山が見えてきました。そこにあるのは、ポルトガル東部のスペインとの国境に近い田舎の村、モンサント。

山の中腹にあるモンサントのバス停で降りて、宿へチェックイン。すぐさま村を散策すると、背丈の倍以上はある岩がごろりと転がっています。よく見ると、家と一体化していて、巨岩が家の土台や壁の役割を果たしていたり、はたまた屋根になっていたり。もとから自然にあった巨岩を建築材としてそのまま利用しているようですが、理由の一つに、「この村には巨岩信仰があった」という説があるみたい。

景色に魅せられる

モンサント城跡から眼下に広がる大平原とモンサントの村を見下ろす。まるで鳥になった気分。いつまでも居られるほど気持ちいい場所！

私が泊まった宿のおばあちゃん（右）とご近所のおばあちゃん。日中、村の中ではおばあちゃんたちが井戸端会議をしている光景をちらほら見かけました。平和そのもの。

観光客はほとんど日帰りツアーで、夕暮れ時は静寂がいっそう深まります。夕食をいただけるレストランは村に数軒のみ。予約したほうが無難です。

718年から1492年まで、レコンキスタの戦場で重要な拠点だったモンサント。年に一度「十字架祭」が行われ、昔ながらの生活を再現したり、夜中に劇が始まったりと見応えがあるそう。

一見空から落ちてきたようにも思えますが、実はうまく共存しているというのだから見事。

迷路状に入り組んだ石畳の小道を歩いて、山の上へと続くカステロ通りをのぼると、頂上のモンサント城跡に辿り着きました。城壁の上も自由に歩けて、360度の大パノラマが広がり、緑色の大平原にオレンジ色の屋根がひしめきあう村を一望できます。家と同じ大きさの岩が民家の隙間や屋根にはまり込んでいて、どこかの惑星の村みたい。

夕刻、サン・サルバドール教会の裏手で、眼下に広がる平原をぼうっと眺めていると、オレンジ色の巨岩のような太陽が、ゆっくりと地平線へと落ちていきました。一体どんな世界の果て、いやはや秘境へ来たのか……。平原から吹いてくる風が、自然と共に暮らしてきた小さな村の優しい息遣いのようでした。

荷物を載せたバスが行ってしまった！

カステロ・ブランコのカフェで、モンサント行きのバスを待っていた時、カフェの前を通る日本人らしき母娘の旅人を見かけました。その後彼女たちとは、バスが一緒で、ただ席が離れていたため会話もせずにモンサントへ到着。バスから降りる時に声をかけ、数分話をしていると、あろうことか、私のスーツケースを載せたままバスが発車してしまったのです！　大慌てでバスを追いかけたけれど、時すでに遅し。「宿に行って相談してみます！」と親子と別れたのですが、なんと彼女たちとは宿まで一緒！　というわけで、3人で宿のおばあちゃんに事情を説明するも、英語が通じず。すると、おばあちゃんがiPadを持ち出して、ポルトガル語で話しはじめました。iPadを覗くと、翻訳された日本語で「明日の朝ごはんは何時がいい？」と。いえいえ、その前に私の荷物が！　と、今度は私が「荷物、バス、行っちゃった」とポルトガル語へ変換。その返答は、「朝ごはん、卵料理は何がいい？」。そこで、少しだけ勉強した片言のスペイン語で話すと、「それは大変！」とようやく意思疎通ができました。「明日、バスが戻ってくるから、その時にピックアップしなさい」とアドバイスをもらったのですが、その夜に奇跡が。

　同宿の親子に励まされ、キッチンで自炊のパスタを恵んでもらっていると、おばあちゃんが嬉しそうに入ってきて「あなたの荷物、今から来るわよ！」と。どうやら、この宿をお手伝いしている女性の彼氏が、バスの運転手だったのです！　小さな村だからこその、奇跡のつながり。間も無く、彼氏（バス運転手）の車が到着し、私の荷物が戻ってきました！

　ハプニングの時に出会ったその親子とは、今でも国内で何度も再会する関係に。「あの時、めっちゃびっくりしたわー」といつも笑い話になるのですが、旅慣れたときこそ気をつけなくてはと、今でもひやっと汗が出てくる思い出です。

覚えておきたい、旅のメモ

ヴィラ・ノヴァ・デ・ガイア地区のワイナリーが立ち並ぶ川沿いの空中を、ロープウェイ（テレフェリコ・デ・ガイア）が往来しています。ワイナリーの屋根の上を通っていくのは圧巻。約5分で5ユーロ。おすすめ！

ポルトの街を一望したければ、旧市街でもっとも高いクレリゴス教会の塔へ登るべし！　３６０度見下ろすことができます。高さは75・6ｍで、頂上へと続く螺旋階段は２２５段。絶景を見るため、頑張って登りましょう。スニーカーが楽。

旧市街を歩くだけで心躍る

ポルトガルでとてもハマってしまったビーニョベルデ（緑のワイン）。優しく発泡した白ワインという感じで、軽やかな味わいのためぐいぐいと飲めてしまいます。日本ではワイン専門店などで購入できますが、本場はびっくりするほど安いのでオススメ！

TAYLOR'Sのガイドツアーは事前予約が可能ですが、直接行って受付でチケットを購入して、そのまま見学することもできる。

1692
TAYLOR FLADGATE
TAYLOR'S

モンサントから戻る場合も、カステロ・ブランコのバスターミナルまでバスで行きポルトやリスボン行きのバスか電車へ乗り換えます。土日は本数が少ないので要注意。

旅のアルバム

ポルトの街を走る可愛らしい路面電車。街の中心部を走っているのは22番路線で観光に便利。チケットは車内で購入。一人3ユーロで現金のみ。

ポルトのドゥエロ川に近いHats & Catsという帽子屋さんで買ったベレー帽をかぶって。猫のシャツとピアスもポルトで購入。街歩きも楽しくなります。

世界でもっとも美しい駅の一つと称えられる2万枚のアズレージョを使ったサン・ベント駅。まるで美術館のような美しさ。ぜひ立ち寄ってみて。

旧市街にあるサント・イルデフォンソ教会。再建されて1739年に完成したそう。アズレージョが剥がれつつあるけれど、とてもノスタルジックで素敵。

ポルトガルのそこかしこで見られる雄鶏、ガロ。幸運と奇跡を呼ぶとされ、国民に親しまれている存在。ガロはお土産でもたくさん売られています。

ポルトガルのお土産といえば缶詰。オイル漬けのイワシやタコなど、ワインのおつまみに最適。パッケージの可愛さもたまらない。とても安価で美味しい。

歴史あるポルトのワイナリー、TAYLOR'Sの中を見学。ずらりと並んだ樽の間を通ります。いかにもワイナリーという感じ。いい香りが漂います。

ポルトガル南部の代表的な家庭料理、豚肉とあさりを蒸し煮にしたカルネ・デ・ポルコ・ア・アレンテージョ。多くのレストランで食べられるので、ぜひトライ。

ポルトガルではポートワイン、ビーニョベルデ、そしてカクテルも美味しい。ミントたっぷりのモヒートも、旅の夜に！

MEMORIES

モンサント城跡は今は主に城壁が残るだけ。その上をぐるっと歩けるようになっていますが、手すりなど一切ないので落下しないように細心の注意を。

モンサント城跡へ向かう道はなかなかの上り坂。その途中でも巨岩のそばを通ります。振り返れば、眼下に広がるモンサントの村が美しい。

小さなモンサントの数少ないお土産屋さんには、ハンドメイドの人形や雑貨など、村の人たちが作ったものなどがあります。覗いてみて！

オレンジ色の屋根に載る巨岩。世界でもっとも摩訶不思議なものの一つとも言える光景ですが、巨岩信仰が生み出した奇跡の街並みとも。

日中は村のおばあちゃんたちが外に出て、ご近所さんとおしゃべりしている光景が。とてものどかで、ほっこりとした時間が流れています。

モンサントにいれば見慣れてきますが、巨岩に食べられてしまったかのような家の壁。実際は、巨岩を活かして家づくりをしているようです。

モンサントの村から見た広大な平原と夕陽。サン・サルバドール教会の裏側が夕陽を眺めるのに最高の場所！

パリにあるエッフェル塔を設計したギュスターブ・エッフェルの弟子が設計したドン・ルイス一世橋。ここから世界遺産の旧市街が一望できます。

TAYLOR'Sでポートワインの試飲ができるエリア。見学が終わり次第、テーブルに着くと、ムッシューがさっとポートワインを持ってきてくれます。

キクラデス諸島の
美しき島をめぐる
ギリシャ
（サントリーニ島／パロス島／ミコノス島）

猫と出会う 癒しの島旅

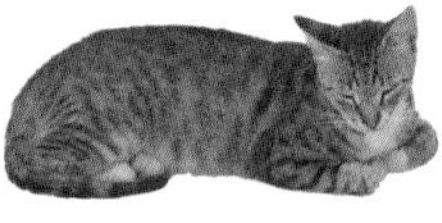

魅惑の白い世界で、
ときめきの出会いを求めて
アイランドホッピング！

DATA

ギリシャのエーゲ海に浮かぶ200以上の島々が点在するキクラデス諸島。その中で、特に観光にオススメの3島は、オンシーズンになると一気に華やぎ、大勢の人で賑わう。逆に冬のオフシーズンは店がたくさん閉まるので要注意。

推奨滞在日数／予算

5泊7日～／30万円～（食費、お土産代はのぞく）

✈

日本からギリシャまでの直行便がないため、トルコなどを経由して各島へ飛行機で行くのがベスト。ギリシャのアテネからは、飛行機（オフシーズンは便数激減）もしくはフェリー（時間がかかる）、高速船（飛行機と同額程度、フェリーよりは時間がかからない）で行ける。

夏、島々に太陽がさんさんと降り注ぎ、真っ白な街を歩くと目も開けられないほど眩く、ふわふわとした感覚になります。次第に目が慣れると、現実はさらに夢のような世界に。青く美しいエーゲ海、どこまでも続く白い家並み、青がアクセントの扉や窓、咲き乱れるブーゲンビリア、人懐こい猫たち。オレンジのような夕陽が海に落ち、宵闇に暖色の光が灯りはじめると、着飾った人たちが街へ繰り出し、夏の夜を楽しみます。

サントリーニ、パロス、ミコノスは、どの島も白くて眩いですが、島の地形も地質も雰囲気も違うから面白いです。島間は簡単に船で移動ができ、海上から眺める島影もいい感じ。島に着き、街を歩けば、あれよあれよと猫に出会えるのも嬉しい！

Santorini

断崖絶壁の上に広がる楽園 サントリーニ島

そこかしこにあるアクセントカラーの青

船の予約は世界最大のフェリーチケット予約サイトDirect Ferriesを利用すると便利。希望の行き先、日時を指定して、簡単にチケットを予約購入することができます。後は乗船当日に、港でチケットを受け取るだけ。キクラデス諸島の島々は、飛行機より、だんぜん船の移動がオススメです。

MEMO

キクラデス諸島のアイランドホッピングは船の時間をしっかり下調べして、効率よく、最低1泊ずつして島めぐりをしたい。猫と出会う、まばゆい白亜の楽園へいざ！

白い壁、青い窓、ピンクのブーゲンビリアの色彩は、夏の島々の基調色と言っていいくらい、どこででも目に付きます。日本とは異なる色使いに、ただただ旅情を感じます。

―ロバもたくさんいるよ―

夢心地で島旅

夏になると世界一華やかな島になるのではと思えるのがサントリーニ。観光地やリゾート地として、多くはヨーロッパから観光客が集まり、島が沈みそうに思えるほど賑わいます。サントリーニは火山が噴火してできた島の一つで、海からそそり立つ断崖絶壁の上に街が広がります。島への玄関口は、船が発着するフィラという街。サントリーニのニューポートから各島への船が行き交っています。

街は、断崖上部の傾斜に合わせて家が立ち並んでいるので、アップダウンしながら道を歩くのですが、目に入るものすべてが可愛らしくて、疲れを感じません。太陽の光があたれば、白壁は幻想的に煌めき、夢心地になります。途中で海を眺めながら休憩していると、足元へ猫が

海、島、船、そして猫！

断崖絶壁の上のフィラからオールドポートを望む。青く煌めくエーゲ海を航行する船がよく見えます。オールドポートまでは約600段の階段かケーブルカーで。

イアの小さな古本屋さんAtlantis Books。入り口に、「RENT-A-CAT €5」(€=ユーロ)の立て札とともに猫がいました。心がほっこりします。観光客も思わず足を止めていました。

どこを切り取っても絵になるサントリーニの街。ポストカードが作れそうな写真がたくさん撮れます。とくに、イアの街はコンパクトなので街全体を撮るのにおすすめ。

フィラにある真っ白な洋服だけを売っているWhite House。店員のお姉さんたちも真っ白な洋服を纏っています。白い街並みにぴったり。

やってきたり、「写真撮ろうか？」なんて声をかけてくれる人もいたりして、心がやわらかくなっていきます。

　サントリーニはフィラのほか、北西部のイアという街が観光スポット。夕刻になると、島中のすべての観光客がイアに行くのではないかと思えるほど、大移動。バスでちんたらと30分かけて、お目当ては夕陽です。イアの街はフィラよりさらにこぢんまりとしていて、白い街がコンパクトに一望できるのも魅力。青色のドームや風車が夕陽で赤く染まっていくわずかな時間を愛おしみ、白く眩い世界は一転して夜の闇に溶けました。代わりに、地上に降ってきた星のごとく、街の明かりが灯ります。夢のような世界は昼も夜も永遠に続くようです。

歩けば猫にあたる パロス島&ミコノス島

パロスは古来、良質な大理石の産出地でした。ミロのビーナスにもパロスの大理石が使われたそうです。一方、ミコノスは今やギリシャの代表的観光地。世界中の有名人も、このリゾート地にやってくるほど。どちらも海は美しく、ビーチでのんびり過ごす人も。船の予約はDirect Ferriesで可能。オンシーズンは混むので、早めの予約を。

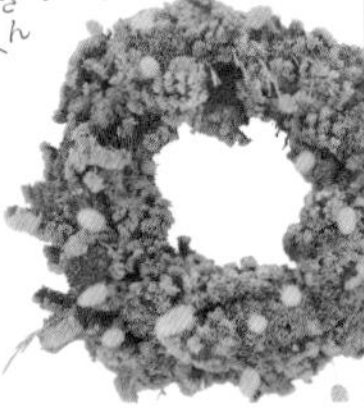

可愛いものもたくさん

パロスのパリキアで。私のような猫好きさんにとって、人懐こい猫たちとのんびり過ごすにはもってこいの島です。人通りも少ないので、思う存分猫の写真を撮って過ごしました。

MEMO

島によって雰囲気が異なるのが面白いアイランドホッピング。島の地形も街並みも違います。どことなく、猫も雰囲気が違うような気がします。パロスの猫がいちばんおっとりさん。

猫の島へようこそ

猫のいる島へ

サントリーニからフェリーで約2時間、パロスの主要地パリキアへ到着。ヨーロッパ人には既知のリゾートアイランドですが、渡島してみると驚くほど人が少なくて、のどか〜な雰囲気です。まずはゲストハウスへチェックイン。低価格なのに、可愛らしいお部屋にはブーゲンビリアの花びらが散らされていて、いきなりご機嫌になってしまいました。街はサントリーニよりも平坦で歩きやすいですが、白壁の眩さたるや！　人生で初めて壁の反射で肌が焼けると思いました。それでも、目を細めると、「おや、猫さん！」と、観光客よりもはるかに猫に会う頻度のほうが高いのです。そこかしこに咲くブーゲンビリアはやっぱり華やかで、フォトジェニック。

旅こそ穏やかな時間を

パロスの甘えん坊猫さん。とことこ近づいてきて、ごろりとお腹を見せてくれました。ミコノスよりもパロスのほうが街中で出会う猫は少し多い印象。

ミコノスの街中には、レストラン、ブティック、土産物屋、アイスクリーム屋などが所狭しと並び、楽しい街歩きができます。ブーゲンビリアも華やかに咲いています。

西の丘の上に立つカトミリの風車。もともとは小麦を挽くために使われていました。現在は観光の観賞用として佇み、多くの人を呼んでいます。

パロスでもっとも美しい漁村ナウサ。グリーンの海に真っ白な家並み。目を見張るほど美しい光景って、これか！　と思いました。停泊する漁船も素敵。

さて、パロスから約1時間の船旅でミコノスへ。キクラデス諸島随一のパーティアイランドで、バーやクラブが充実していてナイトライフを楽しめます。私は、のんびりと街を歩いて静かに過ごしました。滞在したブティックホテルには猫が多くいて、街中でもあちこちにいます。ミコノスタウンは、迷路のように入り組み、気付くと海へ出たり、また同じところを歩いていたり。港へ出ると、風がものすごい。そう、ミコノスは風の島。びゅーんびゅーんと日がな一日風が吹き、かの有名なカトミリの風車がぐるぐると回っていた時代に思いを馳せてしまいます。夕陽に照らされた港では、いくつか大きな凧が空を飛び交って、ギリシャ神話の神の使いのように非現実的に見えました。

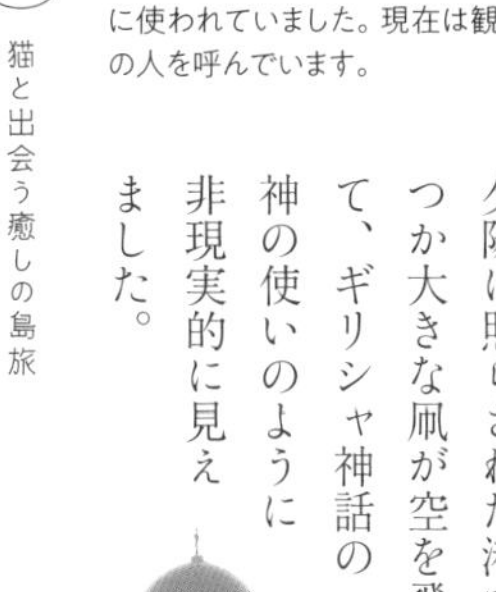

隠岐諸島で、ふたたびサントリーニへ

島といえば、日本こそ大小6852の島が織りなす島国。私は日本の島めぐりも大好きで、毎月必ず島旅に出ています。ある時、日本の島をめぐっていて、サントリーニ島を思い出しました。それは、島根県の隠岐諸島で。

隠岐諸島は、隠岐の島を島後、知夫里島と西ノ島、中ノ島を島前と呼びます。島前3島は、西ノ島の焼火山が噴火してできた外輪山で、3島に囲まれた海はカルデラです。知夫里島の赤ハゲ山展望所から、眼下に広がる〝島前カルデラ〟の穏やかな海を眺めていると、地元の方から「世界でここと同じ地形なのは、ギリシャのサントリーニ島だけですよ」と聞きました。

一気に、記憶がサントリーニ島を旅した日に戻りました。海から200mや300mもの高さにおよぶ断崖絶壁。その上に広がる白い住居群。港まで延々とつづく階段。人や物を載せて登り降りするたくさんのロバ。超急傾斜を行き交うケーブルカー。そして目の前の青く穏やかな〝サントリーニ・カルデラ〟。

サントリーニは、キクラデス諸島のなかでも「サントリーニ諸島」と呼ばれ、かつて火山が噴火してできた5島で構成されています。噴火によるカルデラは海となり、その周りの外輪山にあたる一つがサントリーニ島。カルデラの海底にはいまだに活火山があるそうです（ただし非常に穏やか）。それでも人の暮らしや文化、街並みは隠岐とはずいぶん違うのが面白く、世界の広さを感じずにはいられません。

思いがけず、隠岐諸島でギリシャと日本のつながりを見つけて、ふたたび記憶のなかでサントリーニを旅することができました。あの日、サントリーニ・カルデラに落ちていった夕陽がありありと蘇ってきました。いつか、またサントリーニへ行くことがあったら、サントリーニ・カルデラを眺めながら、はるか東にある同じ地形の島前カルデラを思い出すことでしょう。

覚えておきたい、旅のメモ

キクラデス諸島の中心にあるデロス島は、ギリシャ神話とつながりが深く、聖なる島と言われているそう。「キクラデス」とはそのデロス島を囲んでいる島という意味らしいです。

昔から引き継がれている石灰を塗った白壁は、熱の吸収率が低く、また抗菌や抗カビの効果があるのだそう。ただし日中、かなり眩しいのでサングラスは必須！　ここはパラポルティアニ教会。

船旅を存分に味わって！

サントリーニの港に着くと、目前に断崖絶壁が立ちはだかります。船着場のすぐ近くにバス乗り場があるので、乗車してフィラへと向かいましょう。ちなみにパロス、ミコノスも島内の街中は徒歩で回れますが、街から街へはバス移動。時刻表を事前にチェックしておきましょう。

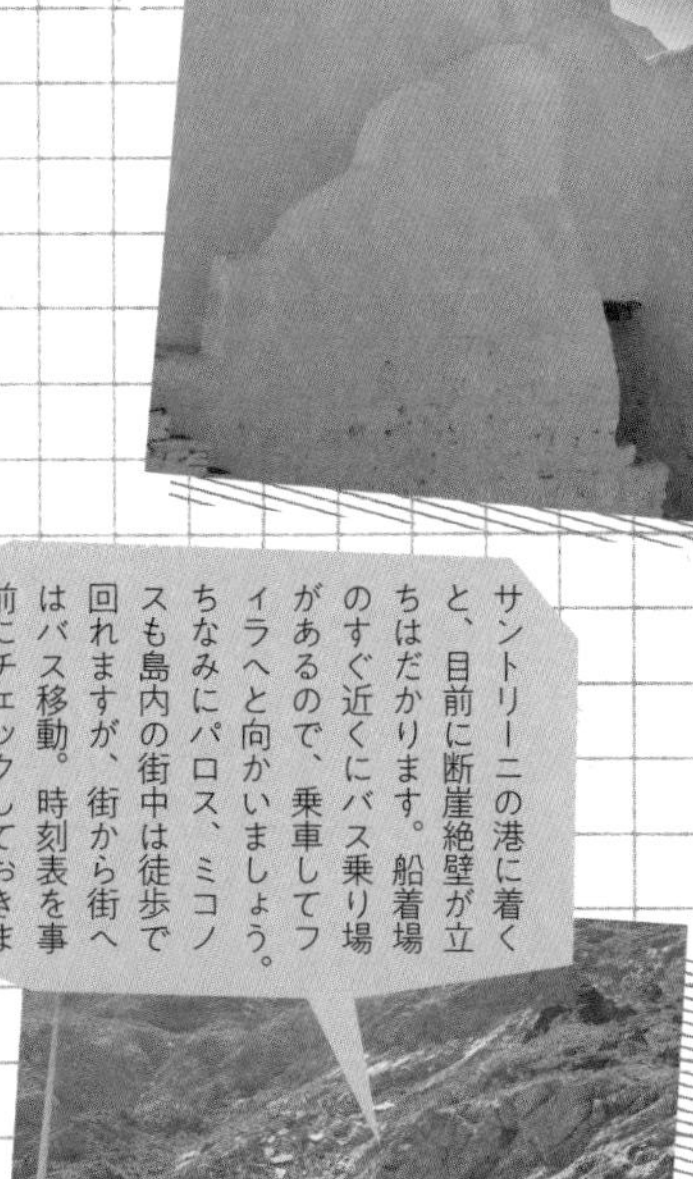

船は会社によって対応が異なります。とくにフェリーは、チケットに座席番号が書いてあっても、実際はどこに座ってもいい自由な場合と、指定席の場合などがある。船内にはカフェも。甲板からはキクラデス諸島の島々を眺められます。船便は季節によって数が変動するので要注意。

高速船は速い分揺れます。船旅、島旅の経験から酔い止めに一番効くのは日本の薬局で買える「アネロン」です（※個人差あり）。日頃使っている酔い止めがあれば、念の為持参が◎。

街中では至る所で猫と出会えますが、同時に猫を愛する人たちとも出会えます。ここでは仔猫と戯れる猫おじさんと遭遇！

ミコノスタウンの街中で見かけた果物屋さん。スイカがずらりと並んでいるだけなのに、とても絵になるのが羨ましい……。

ミコノスを代表する風車群のある丘へと続く階段に、ピエロがいました。写真撮影にも気軽に応じてくれる、優しいピエロさん。

サントリーニ・カルデラを背景に、ある家の屋上に置かれていた船とオール。島国日本と同様に、古来船は大切な存在だったようです。

緑の扉の向こうに見える猫のしっぽ。猫を本気で探そうと思えば、土産物屋、木陰、ベンチの下、カフェなど、あちこちで発見できます。

ミコノスの港にあるアギオス・ニコラス教会の中は、ポップでかわいい青色が特徴。海神ポセイドンを祀っているそう。天井には星が描かれています。

サントリーニのオールドポートまで、約600段の階段を降りて、登りはケーブルカーで帰ってくるのがオススメ。片道5分程度、6ユーロ。

サントリーニのアクロティスの遺跡へは、フィラからバスで30~40分。紀元前1500年頃の噴火で灰に埋もれた街。出土品など見応えあり。

「ドンキー？」（ロバに乗る？）というふうに、約600段の階段を見に行くと声をかけられるサントリーニ。乗って真下のオールドポートまで行けます。

MEMORIES

パリキアのメインストリートで。真夏でも人通りが少なくて、のんびりと滞在しやすい島。土産物屋さんやアイスクリーム屋さんなどを覗いてみて。

ギリシャ風のケバブもおすすめ。中に肉と野菜がぎっしり詰まって健康的かつ、ボリューミィでかなりお腹いっぱいになります。しかも手頃な価格。

サントリーニのギリシャ料理屋Mama Thira Tavernは1985年創業で家庭的な味が人気。メニューが豊富です。新鮮な魚のグリルを食べました！

パロスも猫だらけ。人が少ない分、3島の中で一番多く猫と遭遇したかもしれません。のんびりと過ごしていて、こちらもお昼寝したくなる。

1260年に建造されたパロスのパリキアにあるフランク族の城塞跡。大理石がたくさん使われているそうです。円柱の石も積まれていますが、崩れないのが不思議。

青い窓と白い壁、ピンク色のブーゲンビリアの3色こそ、ギリシャ・キクラデス諸島の島々で見る基調色。異国情緒満点で心がときめきます。

エメラルドグリーンが美しいナウサの漁港には、漁船がたくさん停泊していました。パロスは3島で一番物価が安く、ゆっくり滞在したい人におすすめ。

ナウサはものすごく雰囲気がよい港町で、パリキアからバスで20分ほど。週末は1日3本しかバスがないなんてことも。運行表をチェックしましょう。

パロスの港町ナウサの漁港では、名物のタコが日干しされていました。タコを焼いてレモンをかけてシンプルに食べるだけですが、とっても美味しい！

カリブ海の楽園で、
絵になる街に溶け込む体験

キューバ

（トリニダー）

色彩の街を撮って民泊する旅

フォトジェニックな街を撮り歩き、
おもしろ楽しい
キューバ人家族にまみれる

DATA

キューバの中央部に位置するサンクティ・スピリトゥス州にあり、1514年にスペイン人によって建設された、キューバでもっとも美しい古都だと言われています。もともとは砂糖と奴隷貿易の中心地として栄えた街です。現在世界遺産に登録されています。

推奨滞在日数／予算

5泊7日～／30万円～（食費、お土産代はのぞく）

✈

日本からカナダのトロントやメキシコのメキシコ・シティなどを経由して、キューバの首都ハバナまで飛行機で約16~20時間。ハバナからビアスールと呼ばれるバスか乗合タクシーで約6時間でトリニダーへ。

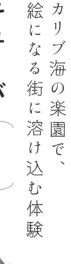

カリブ海に浮かぶ島国で、年間通して気温が高く、のんびりとした空気が流れています。トリニダーは、スペイン植民地時代のコロニアル建築群が多く残り、パステルカラーに彩られた家々は可愛く、丸石が敷かれた石畳に馬車がカポカポ走れば、それはもう旅情たっぷり。クラシックカーも行き交い、この街になんて似合うのだろうと幾度となくため息が出ました。街中で、陽気にサルサを奏で、踊り、シガーを燻らす人たちも、この街ならでは。極め付きは、カーサ。

キューバ国内の宿泊は、「カーサ・パルティクラル」（スペイン語で「個人の家」）という民泊がメジャーですが、陽気で明るいキューバ人とむっちりと交流すればこそ、私は心底キューバという国に惚れ込んでいきました。

Trinidad

キューバ随一の絵になる街を歩く

MEMO

街並みの可愛さに目が眩むけれど、地に足をつけた人の暮らしぶりや郊外の自然、ご飯やサルサなども楽しめるのがトリニダー！　ちゃっかりお洋服も買って、いざ写真を撮りに！

撮って着て写りたい！

首都ハバナからビアスールに乗り、6時間かけてトリニダーに移動しました。移動の疲れはあるものの、街を歩き始めると、あれよあれよと目が開き、きょろきょろと首が動き、心がワクワクします。そこは映画の舞台さながら、可愛らしい街なのです。かつて奴隷売買や過酷なサトウキビ労働が行われていたとは思えないほど、ほがらかで、陰気な雰囲気は皆無。ビアスールのターミナルで客引きに紹介されたカーサに泊まることを決め、すぐさま街中へ。

散策は、マヨール広場を街の中心とするとわかりやすいです。広場から黄色い革命博物館へ向かう光景はキューバのコインにも描かれていて有名なのですが、一押しは革命博物館の塔に登って街を見下ろすこと！　小さい

だいたいどの街にもあるのがビアスールと呼ばれる長距離バス。オンシーズンはチケットの争奪戦。ハバナに到着後、早めにビアスールのターミナルまでタクシーで向かい、チケットを購入すべし。そして、「3日後にハバナからトリニダーへ、5日後には帰りの便を」というふうに買ったほうが無難。社会主義国家ゆえ臨時便を出すなどの無理はせず（笑）、窓口も定時にきっかり閉まる国！

トリニダーの中心地は歩くだけなら20分ほどでぐるりと見てまわれます。ただ、10メートル歩けば撮影スポットなので、最低1泊はしたいところ！　街がカラフルなので黒いワンピースも映える！

日本人御用達のレストランMARIN VILLAFUERTE。ロブスターが激安です！

路上には露店が多く出て、お土産をゆっくり見ているだけでも楽しいです。露店の傍ら、キューバの女性たちがせっせとファゴッティングの手仕事をしていました。ほんとうに手先が器用です！

色に魅せられ心も明るく

黄色い建物の前を黄色いクラシックカーが走ると、それだけでフォトジェニック。ちなみにこの車はタクシーです。キューバのタクシーにメーターはないので交渉が必要。

試着させてもらったファゴッティングレースのワンピース。日本で買ったらいくら？　なんて思いながら、「白いレースのワンピース」に乙女心を刺激されてゲット。

＼お土産もカラフル！／

トリニダーしかり、キューバの街はカラフル！　色のない家はないと言えるほど。私は色が褪せて年代を感じさせる壁の雰囲気が好きで、ついつい写真を撮ってしまいました。

街の全体像をぐるりと見渡すと、キューバ人が楽しそうに談笑する光景まで見られて、「キューバって怖い？」という思いがあるならきっと消え去ります。

街中には、かつてスペイン人の邸宅であった豪壮な家を使ったカフェやレストランも多く、そこでミントたっぷりのモヒートを飲んで休憩。土産物屋には、色使いが可愛いお土産がたくさん売られています。なかでも、トリニダーは「ファゴッティング」と呼ばれるレースのような刺繍文様を生み出していく技法の工芸品で有名。テーブルクロスやワンピースなど一点ものなので、私は形の違うワンピースを何着も試着して、これぞと思うものを25CUC（クック）で購入しました。ただ街を撮るだけでなく、今度はそのワンピースを着て、この色彩の街で一緒に撮ってもらいたくなりました。

Trinidad

爆笑が止まらなかった最高に明るいカーサ

キューバでは民泊を「カーサ・パルティクラル」といい、泊まるとお得で楽しいです。家庭の一室に泊まらせてもらい、値段は一部屋朝・夕食付きで25〜30CUC。民家の前に「錨」マークの看板があれば民泊をやっている証し。いきなり訪ねて問題ありません。だいたい「カーサ・〇〇（家主の名前など）」と名乗っています。

トリニダーでお世話になった「カーサ・マルガリータ＆スレイカ（casa Margarita & Zuleika）」。名前のとおり、恰幅のいい元気な看板母ちゃんマルガリータとスレイカの家。滞在中、家族や親戚がよく遊びに来る。

MEMO

キューバのカーサ滞在はおすすめ。ただし「お客様」という扱いはされず、親戚のような扱いをされる（笑）。放っておかれるけど、親近感を持ってくれるバランスがちょうどいい。

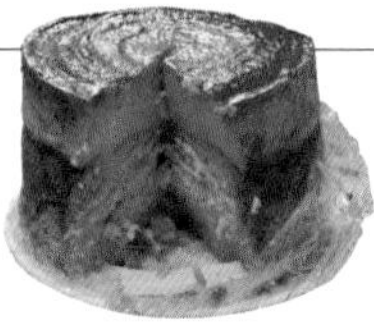

とっても甘いケーキ！
キューバ人は超甘党です

民泊してこそキューバ旅

トリニダーに到着して、ビアスールのターミナルを出た途端、「うちのカーサに！」という客引きがたくさん。それぞれ、写真付きの案内板のようなものを持って、「これがうちの客室で、朝ご飯はこれ、夜ご飯はこんな感じ」と怒濤の紹介合戦。私は、「この宿はおすすめ！」と日本人が書いた紹介文を持った、陽気な雰囲気のお母さんの家に泊まらせてもらうことに。歩くこと10分ほど、カラフルな家々が並ぶ一画のピンク色の家でした。2階がまるまる客室で、開放感があって気持ちがいい！

さっそく旦那さんのトマスや息子のトマシートにも会って……、だけどスペイン語しか話せないため家族構成はなん

カーサだからできる体験

ロス・インヘニオス渓谷の滝壺では水着で泳げます。岩から飛び込んだりする人もいて、みんな楽しそうにしていました。トリニダーは日中驚くほど暑いので、避暑地としても最高！

朝ご飯はだいたい同じで、パン、目玉焼き、果物、ジュース、コーヒー。南国だけあって、果物はパパイヤ、マンゴーなど、甘くて美味しい！　キューバはコーヒーもGOOD！

トリニダーで人気のアクティビティ、ロス・インヘニオス渓谷までのホーストレッキングに出発！　引き馬ではない乗馬は初。お尻と股が痛くなるので、ズボン着用！

カーサの客室は2階にあって、バルコニーと屋上に続くテラスとつながり開放的です。街中で買ったファゴッティングのワンピースを着て、カーサのバルコニーで。私もカラフルな街に溶け込めたかな？

とな～くしかわからず。それでも、みんなとても親切で明るく、常にゲラゲラと笑いながら会話をしているので、雰囲気につられて私も爆笑。夜ご飯は、「魚と肉どっちがいい？」と、毎日メニューを変えてくれました。たまたまクリスマスに滞在していたので、家族一緒にご飯やケーキを食べて（一般的には家族は別）、その後クリームをみんなの顔に付け合う遊びがはじまって。

別の日、家族にオススメされてロス・インヘニオス渓谷へのホーストレッキングにみんなで出かけました。豊かな自然のなか一本道をひたすら歩き、最後は滝壺で遊んで自然を楽しみました。慣れない乗馬でお尻の皮がめくれたけれど、引き馬ではなく自分で手綱を持って馬を歩かせるのも初体験。カーサに泊まったからこそ、キューバの真髄に触れられた気がします。

カサ・デ・ラ・ムシカで サルサ体験！

トリニダーで、初めて路上でサルサを踊る経験をしました。街は日中暑く、けだる〜い雰囲気もあるのですが、夜になるとどこからか、サルサやソン（キューバ発祥のラテン音楽）、アフロキューバン音楽が聞こえてきて、みな待ってましたとばかりに外に出ていきます。オレンジ色の街灯が照らす歴史的な街並みはいっそうロマンチックになり、キューバを楽しむのに見逃せない時間です。

「カーサ・デ・ラ・ムシカ（Casa de la Música)」はトリニダーでもっとも人で賑わうオープンエアのライブハウス。広々とした石畳の階段を上った先にオープンスペースがあって、バンドがサルサやソンなどを奏で、その前で地元の人も観光客も、男女でサルサを踊っています。傍にはバーがあり、そこでもみな、モヒート（一杯2CUC）などを片手に、体を揺らして楽しそう。

うっとり眺めていると、「Vamos《バモス》 a《ア》 bailar!《バイラール》（踊ろう！）」とおじさんに声をかけてもらって、「No, No!」なんて断ってみたものの、せっかくの旅だし、もう雰囲気でなんとかなるだろうと、「Sí!（はい！）」とおじさんの手をとり、初の路上サルサに挑戦しました！ おじさんは、どうやらサルサの先生をしているみたいで、初歩のステップから丁寧に教えてくれました。「いいね、その調子！」と、ステップができるようになったら、音楽に合わせておじさんがどんどんリードしてくれます。サルサは基本的に男性がリードするそうで、むずかしい！ と思ったけれど、くるくる回っていると、「私、踊れてるの!?」とウキウキしてしまいました。踊るみんなの中に溶け込めている喜びは、キューバの世界に一歩踏み込んだ嬉しさでもありました。それ以降、街中でサルサが聞こえると、おじさんに教えてもらったステップを思い出して体が動いてしまって、心はもうすっかりキューバ人なのでした。

覚えておきたい、旅のメモ

流れのままにゆるゆる旅を

どの街も年々クラシックカーが減っていますが、トリニダーはまだクラシックカーの割合が高い印象。キューバではタクシーにもクラシックカーが多いので、ぜひ乗ってみてください！　年代物なので乗り心地はちょっと悪いけど、それもいい思い出。

ゲバラが描かれた人民ペソは両替所でCUCと替えましょう。

街中の可愛いカップル。キューバは離婚率が非常に高い国で、子連れの再婚は当たり前の当たり前。前の家族と新しい家族がみんな仲良しなんてことも、ざら。恋する国民性なのかもしれません。日本人女性はモテるそう。気をつけて♡

ビアスールに空きがない場合は乗合タクシーでトリニダーまで行く方法もアリ。値段は高いですが、同乗者が見つかればチャーター料を割れるのでベター。また、ビアスールはネット予約も可能。クレジット決済が必要です。ただし乗車券は送られてこないので、30分前にはターミナルで予約情報を伝えて、乗車券に替える必要があります。

まったくインターネットが使えなかったキューバも、近年、特定の場所で使えるように。ただし、「Wi-Fiカード」を購入しなくては使えません。カーサでどこで買えるか聞いてみましょう。トリニダーにはネットカフェがあります。

民泊もネット予約が可能なところが増えています。まだまだ不具合（予約ができていなかった！　など）はあるのを承知のうえで、利用してみると便利。キューバでは怒らない心が楽しむヒケツ♡

どの街でも、ビアスールのターミナルにはカーサの客引きをする人たちがたくさん。なんだか怪しげですが、実際はそれが「普通」の光景なので、「この人いいかも」と思ったら「お願いします」と握手でもすればＯＫ！　相手が名刺を持っていると、さらに安心です。

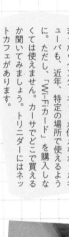

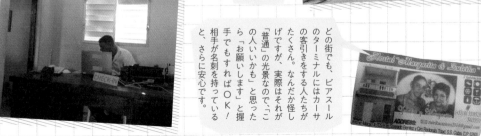

旅のアルバム

トリニダーの街はとってもカラフルでフォトジェニック。家の扉の色もそれぞれ違い、ついつい写真を撮りたくなっちゃう。

カーサでの夕食はマルガリータと旦那さんのトマスが一緒に作ってくれます。どれもキューバの家庭料理。

トリニダーでお世話になったカーサ・マルガリータ＆スレイカのカーサ。2階が客室です。大きなベッドが2つ。バルコニーもあって過ごしやすい。

街中では馬車がカポカポ走り、自転車に乗っている人も多い。公衆電話を使いに自転車でやってきたお父さんをパチリ。なんとも懐かしい光景。

ラジカセを肩にかついで街を闊歩していたお父さん。この街で、とても絵になる……。キューバ人はシャイな人も多いけれど、みなとてもフレンドリー。

キューバの代名詞でもあるクラシックカーも、日本では考えられないほどカラフル。年代物ですが、修理を繰り返して何十年も乗っているそうです。

窓の格子から外へ乗り出していた女の子。子供たちはとっても人懐こいです。写真を撮ってほしがる子も多くて、私としては嬉しいかぎりでした。

革命博物館の塔から見下ろしたトリニダーの街。コンパクトで、情緒的な雰囲気がある。赤色の屋根瓦が印象的。

集まって談笑していた女の子たち。キューバの女性はとてもお洒落なのです。カラフルな色の派手な洋服を着ている人が多いですが、よく似合っている！

MEMORIES

キューバのお土産には、クラシックカーをモチーフにしたアイテムが多く、どれも手作り感があってぬくもりがあります。キューバ人はとても手先が器用！

ロス・インヘニオス渓谷へのホーストレッキングのすえたどり着いた滝壺。勢いよく飛び込んでいるのはカーサのマルガリータの息子トマシート。

ファゴッティングの刺繍で編み上げた子供用のシューズがとっても可愛い。友達の子供へのお土産に買って帰りました。街中にある土産物屋さんで。

紙粘土で作ったクラシックカー。私も一つお土産に買って帰りました。実際にこんなカラフルなクラシックカーが街中を走っています！

買ったばかりのワンピースを着て、カラフルな街に溶け込んで撮影。せっかくなので写真をたくさん撮ってもらおう！

トリニダーはどこもかしこもフォトジェニックで、写真を撮っていたら１日飽きることがありません。ただの南京錠なのに、なんて絵になるのか……。

街中を歩いていたら修理屋のお父さんと出会いました。ちなみに、暑いからかキューバ人のおじちゃんは大抵上半身裸で、お腹がぽっこりしています（笑）。

トリニダーで街並みを描いた絵を買いました。絵描きの男性と一緒に。ちなみに私がかぶっている麦わら帽子もキューバで買いました！

よく街中で見かけた、家の壁をペンキで塗っているシーン。キューバ人はほとんどのことを自力でやるし、モノをとっても大切にします。

ピンクレイクと古代文明の遺跡に迫る

メキシコ

（ラス・コロラダス／チチェン・イッツァ）

びっくり仰天の神秘をめぐる旅

自然豊かなユカタン半島で、人類あるいは自然の作り出す驚愕の光景に出会う

DATA

マヤ文明やアステカ文明など、スペイン人が入植するまではメキシコ独自の文明が長く続いていた。広大なメキシコで、その遺跡をめぐるのはとても時間がかかるが、ユカタン半島に絞れば、一度の旅で大いに堪能できるはず。

推奨滞在日数／予算

5泊7日～／30万円～（食費と、お土産代はのぞく）

✈

日本からメキシコの首都メキシコ・シティ経由でカンクンまで飛び、現地ツアーで1日かけて行くのが一般的。私は、ユカタン州のバジャドリッドを拠点に滞在し、タクシーをチャーターしてラス・コロラダス（約2時間）やチチェン・イッツァ（約1時間）へ行きました。

メキシコを旅して思ったことは、神秘のベールに包まれた国だということ。街並みこそカラフルでコロニアル調の建築群が可愛らしいのですが、先住民が築いた古代文明の面影を色濃く残す地域が点在し、独特の世界観が存在します。
とくにユカタン半島にまたがって続いたマヤ文明最大の遺跡の一つであるチチェン・イッツァ遺跡は、圧巻のスケール。ピラミッド形の神殿をはじめ、儀式で生贄の心臓を置いたとされる像など、ぞくぞくと鳥肌が立って、未だにその「場」が聖域であると告げられているよう。一方で、ユカタン州の自然も侮れません。ラス・コロラダスにあるピンク色に染まった塩湖は、メキシコの神秘性を際立たせ、旅人を非現実的な世界へと誘ってくれました。

森の中に広がる聖なる遺跡が伝える物語 チチェン・イッツァ

MEMO

広大な遺跡のなかは見所が満載なので、事前に下調べをして見るほうが断然面白い。もちろん調べるほどに、ぞわぞわと鳥肌が立ってくるのはあしからず。メキシコの歴史は面白い！

入り口でチケットを購入したらいざ聖域へ！

メキシコ南東部とグアテマラとベリーズにまたがるユカタン半島は、3000年以上にわたってマヤ文明が栄えた地域で（※諸説あり）、現在も多くの遺跡が残る場所です。チチェン・イッツァ遺跡は、1988年に世界遺産に登録されました。

ククルカンと呼ばれるマヤ神話の最高神を祀った神殿エルカスティージョ。春分と秋分の日になると、基壇がつくる蛇の形をした影が現れ、上層の神殿からククルカンが降臨したように見えるとか。

身震いのオンパレード

ぞわぞわしてくるよ

マヤ文明は紀元前2000年頃から始まり、今に残る遺跡を見れば、まさに人類の叡智の偉大さと堅忍不抜の精神を感じます。建築技術に天文知識、マヤ文字、マヤ暦など、高度な文明であったと言われています。もっとも有名で規模が大きいのがチチェン・イッツァ遺跡。

私はバジャドリッドからタクシーをチャーターして、1時間ほどでチチェン・イッツァ遺跡に到着。チケットを購入して中に入り、遊歩道を抜けたところで、すこんと空に抜けるように広場があり、中央には高さ24mのピラミッドがどんと構えています。美しく均整の取れた形。「ピラミッドを見た！」という感動

世界中の人を虜にする聖域

広場から北東へ300mほど歩道を歩くと、ぽっかりと大きな穴が。聖なる泉セノーテも生贄儀式に使われ、数々の遺物が水底から見つかっているそう。

ツォンパントリと呼ばれる祭壇。頭蓋骨のレリーフがびっしりと描かれています。ここは生贄の首を並べていた場所と言われています。ぶるっと鳥肌が！

大神官の納骨堂かお墓とされる小型ピラミッドの前で。どこも日差しは強烈なので、木陰で休憩したりこまめに水を飲むべし。帽子は必須！

日焼け必至の暑さ！

トルテカ様式が見事な戦士の神殿。上部には、生贄の心臓を神に捧げたチャックモール像もそのまま置かれています。またしても、ぶるっ。

に浸りますが、エジプトとは違って、これはお墓ではなくてクルカン（羽毛のある蛇）の神殿エルカスティージョ。その奥には戦士の神殿と列柱広場があり、メキシコ中央高原を支配したトルテカ文明の建築様式で、これまた見事。北にある球技場は、マヤ遺跡ではよく見られるそうですが、チチェン・イッツァは最大の広さと言われています。

ところで、これらの遺跡はマヤ文明の生贄文化と密接につながっています。たとえば神殿では生贄の心臓を捧げ、球技場では生贄を決め、聖なる泉では生贄を捧げ……。その「場」が現存し、しっかり見学できるのもチチェン・イッツァ遺跡の凄さ。ぶるっと身震いが止まることはなし。数百年後の旅人たちに、こうして畏れを抱かせるとは。神聖なるマヤの物語は、未来永劫継がれていくのだろうと感じました。

Las Coloradas

ピンクに染まる自然の神秘を見に行く ラス・コロラダス

世界でピンク色の塩湖は、オーストラリアのヒリアー湖やセネガルのレトバ湖などいくつかありますが、メキシコのはピンク色がより綺麗だと言われているそうです。バジャドリッドからタクシーをチャーターして50ドル～。私は宿にタクシーと交渉してもらいました。

海風が気持ちいい！

水際までしっかりとピンク色に染まっている塩湖。高濃度の塩水に潜むバクテリアが繁殖しているせいでピンク色なのだという説が有力です。

MEMO

自然の生み出す色彩は魔法がかけられたかのごとく、刻々と色を変える。青い海や空の色と同じように、ピンク色の移り変わりをゆっくりと感じたい。

見事なグラデーション

恋する色の村

太陽の位置や明るさ、風の向き、気温。気まぐれなご機嫌具合によって、大いにその姿を変えるのが自然美というもの。雄大な自然に囲まれたメキシコは、そんな自然美の宝庫です。ユカタン州には、絵の具を垂らしたかのように、可愛らしいピンク色に染まる塩湖があるので、一度行ってみたい！と、チチェン・イッツァ遺跡へ行った翌日、同じくバジャドリッドからタクシーをチャーターして向かいました。

約2時間かけて、ピンクレイクがあるラス・コロラダスという村へ到着。青い空の下に広がるピンクの湖、その奥に果てしなく広がるエメラルドグリーンの海、白い砂浜、生い茂る緑の木々と、ここは色に愛された場所だと思わずにはいられません。

僕が塩湖をパトロール

風の向きによるのか、塩湖の波が立っている場所はオレンジ色に。どういう理由かは謎。おそらく波でピンクが濁ってオレンジ色になっているのかと。それはそれで、多彩!

色に恋する絶景を見る

チャーターしたタクシーの運転手に、すぐ近くのプライヤ・カンクニートというビーチにも寄ってもらいました。白い砂浜を歩くと、目前にエメラルドグリーンの海が広がります。

ピンクレイクへ行く途中で見かけた塩の山。製塩所のものだそう。ピンクレイクも製塩会社の私有地なので、決して泳がないようにしましょう。

雲がなく、風がないとピンク色が濃くなって、さらに鏡張りのようになる湖面。天気のいい日に来ると、綺麗なピンクレイクを拝めるはず!

実際は、塩湖の中で植物性プランクトンが繁殖した結果ピンク色になるという説や、バクテリアが直射日光を避けるために赤カロチン色素を出すという説も。刻々と雲が動き、つかの間雲が減るとピンク色は濃くなり、また雲が増えるとパステルカラーの淡いピンクに。風が少し止むと、湖面は鏡のようになって空を映し出して幻想的。無風の日は、ウユニ塩湖さながら湖面は完全な鏡張り状態になるそうです。

ところで、私が行ったときは、塩湖の一部は透明なオレンジ色に。思いがけず出会えた摩訶不思議な現象に心躍りました。なかなか行きにくい場所にあるので、カンクンからツアーで来る団体がほとんど。とはいっても数えるほどの人なので、秘境感は半端ありません!

聖なる泉セノーテで、
またも、ぞわりぞわり

ユカタン半島はマヤ文明が繁栄したところで多くの遺跡が残っています。一方では、セノーテという「聖なる泉」も点在しています。セノーテはスペイン語で〝泉〟。ユカタン半島の石灰岩地帯にある陥没した穴に雨水が溜まった泉を指し、3000以上ものセノーテが存在するようです。マヤ文明においては、その中の多くが崇拝の対象とされました。だから、チチェン・イッツァ遺跡の敷地内にもあるセノーテしかり、生贄が捧げられていたと言われています。現在観光客には、「泳げる」セノーテが人気。私も、バジャドリッドから車で15分ほどの場所にある、セノーテ・シケケンとセノーテ・サムラへ行きました。2つのセノーテは同じセノーテパーク内にある、別々の地底湖。両方の入場チケットを購入して、水着に着替えて、いざ鍾乳洞の中へ。

　薄暗い地下へと続く階段を降りていくと、ぽっかりとした大きな泉でたくさんの観光客が泳いでいました。天井の穴から太陽のごとく光が差し込み、妖しく青めいて、ちょっと背筋がぞわり。底の見えない怖さも感じつつ、泳いでみると、ひんやりとして気持ちがいい。周囲をぐるりと見渡せば、巨大な鍾乳石が存在感を放ち、まるでマヤ神のようではないかと、またまたぞわり。

　マヤ文明をめぐる旅は、つねに、ぞわりぞわりとしますが、恐怖というよりは目に見えない神秘的な存在に対する「畏れ」を抱いてしまう感じ。シケケンとサムラは似たような雰囲気があります。どちらも太陽の光がわずかに差し込む空間が幻想的でした。帰りには、パーク内の土産物屋でメキシコらしい緑や赤のワンピースを物色。結局、現地で買ってすぐに着て過ごすのが大好きな私は、ピンクレイクよりも派手なピンクのワンピースを（日本では到底着られないけど）購入。翌日の洋服をゲットしたのでした。

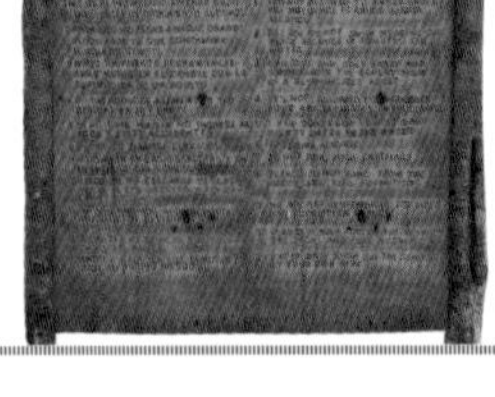

覚えておきたい、旅のメモ

バジャドリッドの街自体も、コロニアル調の教会やカラフルな家々が軒を連ねて、とても可愛らしいです。歩いても1時間程度で見終わってしまうほどの規模感ですが、カフェやレストランもあるので、ゆっくりしてみては。

私はバジャドリッドを拠点にめぐり、最後にカンクンへ向かいましたが、カンクンのリゾートホテルもおすすめ。カンクン発の現地ツアーでは、「ピンクレイク＋チチェン・イッツァ遺跡＋セノーテ」の1日ツアーが人気。Expediaや現地オプショナルツアー専門サイトのVELTRAなどインターネットで事前予約が便利。

タクシーをチャーターする際は、宿やタクシー乗り場でしっかりと交渉しましょう。バジャドリッドはメキシコ内でも治安がよいと言われる街ですが、女子1人旅の場合は「言い寄ってくるドライバー」には注意してください！

自然の顔色をうかがって

ピンクレイクが見られるのは、11月〜4月の乾季。とくに12月〜2月は確実だと言われています。逆に5月〜10月の雨季はピンクレイクが濁ってピンクではなかったり、まるごと消えていたりするそうです。また、ピンク色が鮮やかに見えるベストタイムは、真昼から夕陽にならない3時頃。

旅のアルバム

ジャガーの神殿の裏にある大球技場。石の輪に球を入れたほうが勝ち。勝者が名誉ある生贄となっていたそう。かなり音がエコーする構造です。

均整のとれた美しい階段状の神殿エルカスティージョ。各4面に91段、最上部の1段を合わせて365段。なんと1年のカレンダーを表しているのです。

生贄の心臓をそのまま置いたとされるチャックモール像。人間の血液も検出されているとのことです。また、メキシコ国内でもいくつか発見されているそうです。

ラス・コロラダスからプライヤ・カンクニートまで車ですぐ。ここまで来たら、せっかくなので連れていってもらいましょう！

ラス・コロラダスの塩湖を分断する道。右はピンク色で左はオレンジ色と違うのですが、理由は不明。濁り具合が違うのでしょうか。不思議！

青空に雲がかかってくると、ピンク色も変化します。中に入って泳ぐのは不可。写真撮影は問題ありませんが、私有地なのでゴミなどを出さないように。

バジャドリッドで食べたメキシコ料理。メキシコ料理は、もとはアステカやマヤの食文化にスペインの食文化が融合されたのが始まりです。

バジャドリッドの街を散策。メキシコでとくに有名な街ではありませんが、レストランや土産物屋もそれなりにあって、十分楽しめます。

プライヤ・カンクニートの可愛いゲート。この先に広がる美しいグラデーションの海は、カンクンで見るカリブ海のように美しい。

MEMORIES

メキシコの街並みと同じようにカラフルな色合いの土産物たち。独特なモチーフやデザインを持つ世界観。これぞメキシコ！　という感じです。

チチェン・イッツァのセノーテへ向かう歩道には土産物屋がずらりと並んでいます。神殿エルカスティージョのピラミッド形マグネットなど旅の思い出に。

神殿エルカスティージョの前はとても混み合いますが、広大な敷地なので空いているときを狙って写真撮影。ただ暑いので、水分補給をこまめに！

ゴープロなどの水中カメラで撮影することもできるセノーテ。ただ地下なのでかなり暗くて写真がぶれます！

地下にあるセノーテ・サムラとシケケンは、いずれも泳ぐことができます。サムラのほうが光が多く入るので明るい印象です。

バジャドリッドの中心にあるフランシスコ・カントン・ロサド公園の隣にあるサン・セルバシオ教会。ここを中心に街歩きをするとわかりやすい。

セノーテ・サムラの撮影スポットにて。シャワーやロッカーも無料であるので泳いでみましょう。ちょっとドキドキ……。

セノーテ・サムラやシケケンの敷地内にある土産物屋では、刺繍をほどこした鮮やかな色の洋服が売られていて、さっそくピンク色のワンピをゲット。

メキシコで見かけたマクリースの木。ピンク色の花が咲き誇り華やか。黄色や白色の花をつける場合もあるそうです。

旅の準備をするために必要なTIPS 5

TIPS 1
宿を探すポイント

Booking.comやHOSTEL WORLDのような宿泊予約サイトを利用すると便利。その際に、旧市街の中心や海沿い、郊外の静かな場所など、旅のテーマに適したロケーションに絞って探すとよいでしょう。さらに、駅やバス停が近いなど、アクセスも便利なところがオススメ。

あとは、サイトに掲載されている宿の写真を見て外観や内装が気に入ったら予約すればよし！ただし、サイトの写真と実物は異なる場合も多し。その場合、気になる宿をいくつかのサイトで調べたり、口コミを参考にしてみては。

TIPS 2
Wi-FiレンタルかSIMカードか

今はネットに繋がってさえいれば、とにかく旅中困らないという時代。私は、グローバルWi-Fiなどであらかじめ日本でWi-Fiルーターをレンタルしていくか、現地に着いてからSIMカードを購入して常にネットに繋がる状態にしています。ルーターをレンタルするより、現地のSIMカードのほうが圧倒的に安い。さらに現地で電話も使える場合が多く、レストランなどの電話予約ができるのが便利。

TIPS 3
航空券の購入とビザの有無をチェック

航空券は一般の旅行代理店で買うもよし、ExpediaやSkyscannerなどネット上の代理店で格安航空券を探すもよし。私の経験上、代理店によって航空券の値段にはばらつきがあるので、いろいろと比較してみるとよいでしょう。

また、航空券の手配と同時に、渡航する先の国で、ビザやツーリストカードなどが必要か必ずチェックを。必要な場合、ビザなどを取得していないと入国を拒否されることがあります。

TIPS 4
現地ツアーの申し込みをする

現地ツアーを事前に申し込みたい場合は、VELTRAやExpedia、TRAZYなどを利用して予約すると便利です。時間にゆとりがある場合には、現地のエージェントを探したり、ホテルに直接相談すればよし。現地で申し込むほうが価格は安い場合が多いように思います。

TIPS 5
クレジットカードの使用可否や両替情報をしっかり調べる

基本的に大きな街では両替所があり、24時間キャッシングできるATMを設置している街も増え続けています。ただし、ウズベキスタンやキューバなど、ほぼ現金しか使えない国や街もあるので下調べをしましょう。また、ウズベキスタンなど日本円もピン札（1ミリも破れていない）でないと両替してくれない国もあります。

クレジットカードはVISAかMASTERカードのどちらかを必携のこと。アメックスやJCBカードは使えない街や店が多いです。

セキュリティ対策には コレ！

さらにここがスゴイ1

肩のストラップの片方は付け根の取り外しが可能。食事中など、椅子の背などにくくりつけて盗難防止に。置き引きにあう確率がかなり低くなります。

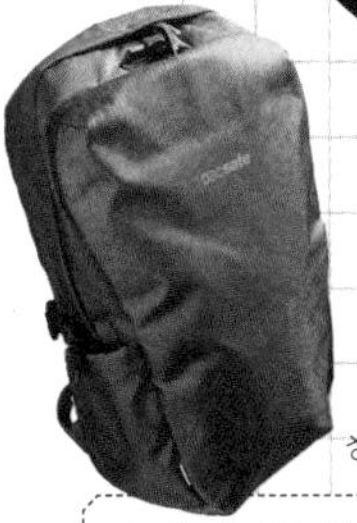

リュック

パックセーフ バイブ25 ECONYL® オーシャン

旅の目的や行き先によりますが、1泊2日の日帰りトリップや現地でトレッキングをするのに、最適な大きさで、使いやすさが気に入っています。なにより、盗難防止などのセキュリティ対策が抜群。内部には、クレジットカードやパスポートなどの情報がスキミングされないブロッキングマテリアルが使用されているので安心。

さらにここがスゴイ2

リュックを背負っていて一番怖いのは、知らぬ間にチャックを開けられて物が盗まれること。パックセーフでは、外側と内側の両チャックをまとめてロックできるのでスリが簡単に開けられず、安心！見た目もすっきりとして、お気に入り。

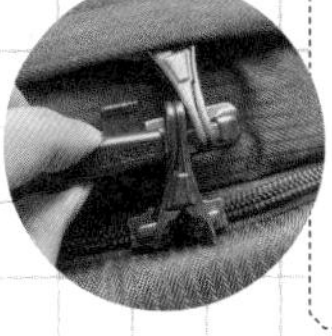

さらにここがスゴイ3

セーフネット（スラッシュガード）が組み込まれているので、たとえナイフで引き裂かれても中身が取られる可能性が低いです。それでいて軽量なのも嬉しい。すっきりとしたデザインで、女性の洋服にも合わせやすいと思います。廃棄漁網100％のリサイクルナイロン繊維ECONYLを使っていて、ウミガメ保護を中心とした海洋保全活動のために作られているコレクションです。リュック一つで、自分も海洋保全に貢献できていると思うと嬉しいです。

ワイヤーロック

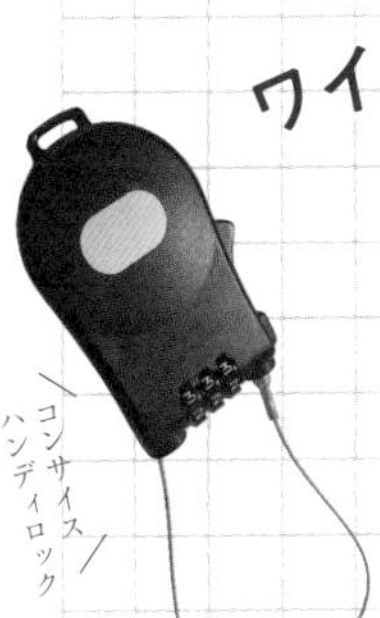

コンサイスハンディロック

120センチまで伸びるワイヤーのロック。リュックとスーツケースなど複数の荷物をまとめてロックするのに余裕のある長さ。友達の荷物と一緒にロックしても。ホテルに荷物を預けたり、置いておいてもらう際に使うと安心です。

パスポートケース

スキミングブロック使用のパスポートケース。航空券やボールペンなど、カバンの中で探しにくくなりがちなものも一つにまとめておくと便利。ナイロン生地で安定感のあるしっかりとした素材。汚れも目立ちにくいです。

CORDURA

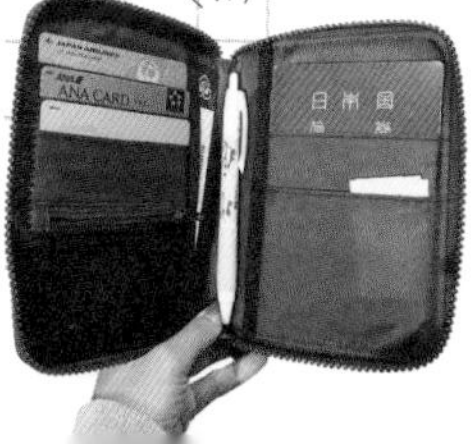

旅の持ち物には、

便利な旅グッズ

を揃えて

アイマスク

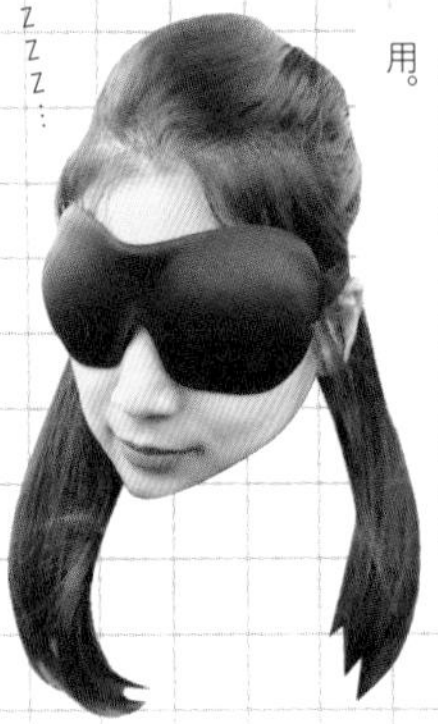

機内で眠りたいときに着用。私は目も乾燥してしまうので、なんだかんだで持っていると便利です。自分に合うタイプを選ぶと良いと思いますが、私はお化粧していても使えるカップタイプのもの（コンサイスのスリープアイマスク）を愛用。

ネックピロー

私は正真正銘のストレートネックなので、移動しているだけで肩こりや腰痛がひどくなります。なので、移動中はネックピローが必需品。最近のお気に入りはモバイルピロー。非常にコンパクト。低反発素材なので、ほどよい硬さでしっかり首を固定してくれます。ポケットピローも胸ポケットに入る大きさに折り畳めます。バスや列車移動、ホテルで本を読んだりしているときにお世話になっています。

こんなにコンパクト

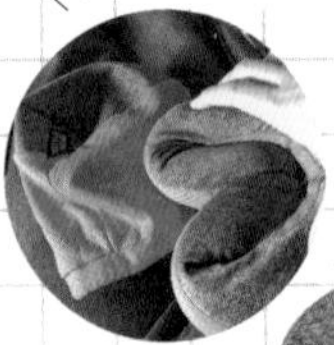

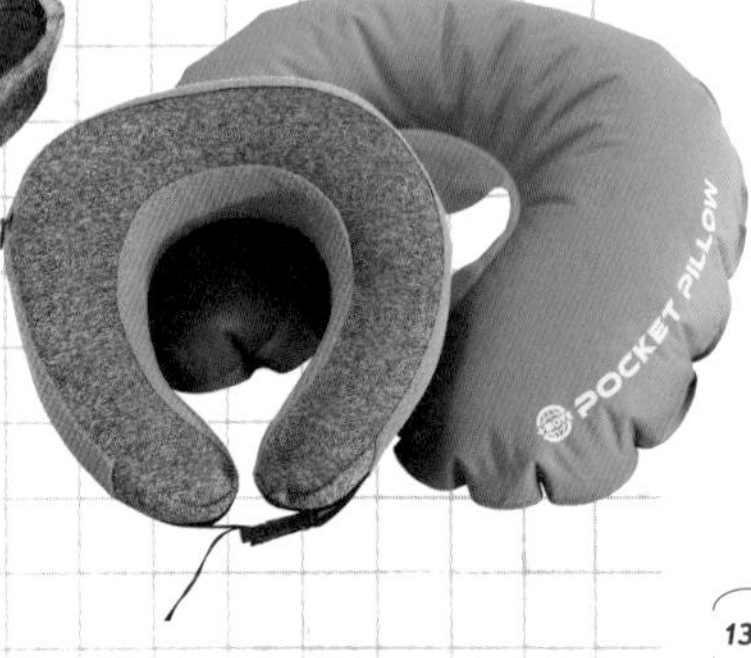

スリッパ

旅にスリッパを持っていくのは邪道と思っていましたが、最近は旅先によって持参します。メトリックプロダクツ・トラベルスリッパはしっかりとした素材で、裏底には滑り止めがあり、土踏まずの部分にはクッションが入っていて、フィット感があって動きやすい。色は黒や緑などいろいろあります。

裏が水玉模様！

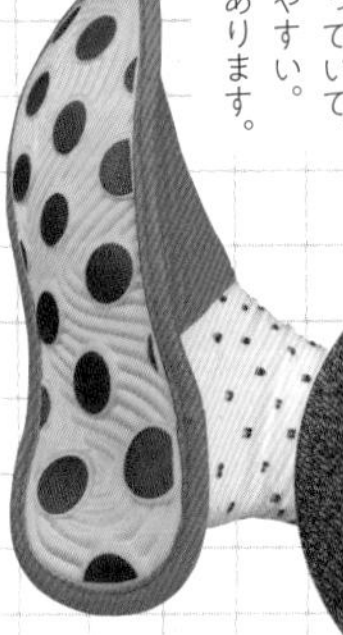

速乾性タオル

どのメーカーのものでも良いと思います。洗ってすぐに乾くハンドタオルやバスタオルは持っていると便利です。ホテルで洗って干してもすぐに乾きます。とくに暑い国を旅したり、体を動かす場合には必需品。

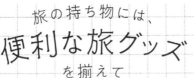

歩きやすい靴を2種類

トレッキングシューズ

本格的なトレッキングもできて、街歩きにもおしゃれなシューズは一足持っておきたい。私のお気に入りは、VASQUEのトレッキングシューズ（ブリーズ LT Low GTX）。かなり軽くて、通気性も良く、防水。1日中歩き回っても、足が楽です。紐の可愛さがポイント。

サンダル

世界一周をしていたときビーサンだけで海外を歩き回っていた私ですが、やはり良いものは体に優しいということで、最近はめっきりChacoのファン。柄も色も豊富に種類があるし、歩きやすさが嬉しい。靴下を履いての着用でもおしゃれに着こなせます。

疲れないソックス

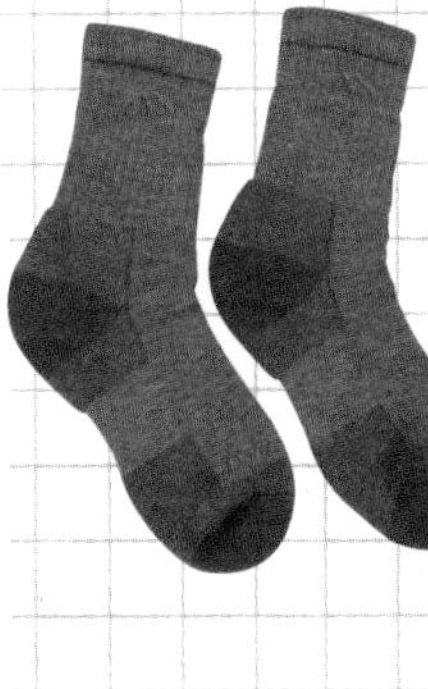

最近よくよく実感するのは、ソックスによって足の疲れ具合が変わるということ！　初めて履いたときとても感動したのは、アメリカ生まれのDARN TOUGH（ウィメンズ1903マイクロクルークッション）。ふわふわの感触で弾力性があり、歩いていて気持ちがいい。色もとっても可愛くて、あえて見せるようなコーディネートも。長時間履いても蒸れず、寒いときには温かい。摩耗耐久性もかなり高く、また、通常の使用で破れたときには交換サービスをしてくれるという生涯保証つき。

モンベルのウイックロン トレッキングソックスも速乾性とクッション性があり持っていると便利です。

オススメのお店1

A&F CORPORATION

1977年創業のアウトドアスポーツ用品輸入販売会社。アウトドア好きの人たちで知らない人はいないほど。旅に出るのにかっこいいスタイルと実用性を求めるならば、ここ。オンラインのほか国内各地で店舗展開もしているので、実際にお店に足を運んでみるとテンションがあがります！

オススメのお店2

CONCISE

海外や国内の旅行用品がほぼなんでも揃っています。初心者や女子向けのグッズも多数あり。オンラインショップで購入可能。便利で可愛い旅グッズを探してみてはいかがでしょう。

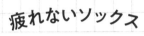

旅を楽しむ
コツ

その1
朝食や軽食はホテルの部屋で

いま、キッチン付きの部屋や共用スペースのキッチンが使える宿が増えています。スーパーなどでヨーグルトや果物、ジュース、パンを買って、自炊の朝食もおすすめ。ホテルでは出てこない地元の食材を楽しめます！　また、屋台などでテイクアウトして、部屋で軽食をとるのも楽しい。

その2
買った服を旅先でどんどん着ていく！

洋服やアクセサリー、ルームシューズなど、自分へのお土産と旅先での着用を兼ねてお買い物してみましょう！　その街だからこそ似合う服もあるし、買ってすぐに着用すれば、地元の人にも「似合うね！」なんて褒めてもらえてよい思い出に。旅先で写真を撮るのも一層楽しくなります。

その3
シャンプー類も買ってすぐに使ってみる

時間に余裕がある自由度の高い旅の中で、私は衣類と同じく、シャンプーやシャワージェル、歯磨き粉なども旅先のスーパーや薬局で買って、旅の最中から使いはじめます。気に入れば、さらに追加でお土産にも購入。とくにオーガニック系のコスメ類は海外のほうが安くて種類が豊富なので、ウキウキとしますよ。

その4
旅先でも美容ケアできる！

女性目線で旅をしていると、世界の女性たちのオシャレや美容はとても参考になります。思い切って美容室に入ってみたり、ネイルをしてもらったりするのもおすすめ。その瞬間から女子度が上がった気がして、勝手に盛り上がれます（笑）。

その5
割れ物を運ぶときは、カメラ用の防水バッグが便利

お土産で欲しくなるのが割れ物類。食器などもついつい買ってしまいますが、持ち運びで割れてしまっては勿体ない。そこで私が使っているのは、カメラを運ぶときに使う防水袋。クッション性があり、安心。もちろん、細心の注意を払い、これで割れたことは一度もありません！

世界で心に残った宿 ベスト3

旅に欠かせないのは
宿（ホテル）。
その国や街らしさを
感じたり、
ロケーションが
良かったり、
スタッフが
感じ良かったり、
印象深い宿に
たくさん
泊まってきました。
なかでも、
オススメ3ヶ国を
ご紹介します。

NO.1 ウズベキスタン

ホテルの内装が可愛らしくて、テンションがあがったのはウズベキスタン。ブハラやヒヴァの旧市街にはビジネスホテルはありません。心のこもった工芸品や伝統柄をあしらったベッドカバーやクッションなどを置いた部屋は、胸がときめくものばかり。

ブハラ

ブティックホテル・ミンジファ

ウズベキスタンの伝統的な内装が施された宿です。とにかくお部屋に感動！ ウズベク流の刺繍や雑貨をふんだんに使った内装を見て、「あ、これ買いに行きたい！」とお買い物の参考にしていました。フロントのスタッフも懇切丁寧で、列車や宿やレストランの情報や予約など何でも相談に乗ってくれました。

コミル・ブハラ・ブティック・ホテル

ユダヤ人の古民家を宿にした趣のあるホテル。かなり古く、木造の階段など心もとない不安定感もあるけれど、それを補うほどにスタッフがとても親切。最大の見所はお部屋の壁のデザイン。世界各地を旅してきましたが、歴史を感じさせる希少な可愛い宿です。

ヒヴァ

ヒヴァ・ラスルボーイ・ゲストハウス

家族経営のアットホームすぎるゲストハウス。イチャン・カラの中にあり、旧市街をめぐるのに最高のロケーションです。こちらでも、近郊の遺跡めぐりや砂漠への配車などの相談に乗ってもらえます。2階の共有スペースからは、ヒヴァの街が見えます。家族との交流もあり。

NO. 2
ギリシャ

サントリーニ島、ミコノス島、パロス島のアイランドホッピングでは、それぞれ宿も素敵でオススメ。白を基調とした島らしく、白とワンカラーを取り入れたセンスの良い内装や、咲き誇るブーゲンビリアに包まれたバルコニーなどで、心躍る滞在ができました。ロケーションも良くて、散策の合間に何度も帰って休憩することも可能です。

パロス島

アリアンホテル

優しいマダムが経営する、ブーゲンビリアがそこかしこに咲き誇るゲストハウス。部屋の中にブーゲンビリアの花びらを散らしてお迎えしてくれて、とてもハッピーな気分になりました。街の中心にあるので、散策にも便利な場所。バルコニーから空を眺めるのもよい時間です。コスパも良くおすすめ。

サントリーニ島

ホテルミロス

一番のおすすめはバルコニー。サントリーニ・カルデラと白いイアの街並みが一望できます。刻々と空の色が変わり、大きな太陽が海に落ちていく光景をいつまでも眺めていられるのはとても贅沢。バルコニーでいただく朝食も美味しいです。フィラの街中より少し離れているので(もちろん徒歩圏内)、静か。

ミコノス島

クネニアパートメンツ

ルイ・ヴィトンのお店横にある、おしゃれなブティックホテル。1960年から、代々船長がオーナーをしているのだそう。白とモスグリーンの素敵な外観や、部屋にもセンスが光ります。キッチンも付いているし、外には猫もたくさん。とても清潔で、スタッフも親切で優しいです。

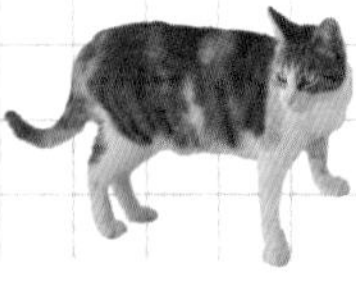

NO.3
バルト三国

エストニア、ラトビア、リトアニアのホテルは、旧市街の中から選ぶのがおすすめ。部屋の窓から街並みを望め、まるで暮らしているような気分にもなれます。リトアニアでは、地元の人が暮らすアパートの一部屋を借り、リビングキッチン、バスルーム、寝室と広々とした部屋に滞在しました。

リガ(ラトビア)

リクスウェル・セントラ・ホテル

旧市街の中にある比較的大きいホテル。滞在中、あろうことかエレベーターが故障して階段利用が大変でしたが、いい思い出です(笑)。国際バスターミナルまでは歩ける距離。部屋の窓から見る旧市街の街並みがとてもノスタルジックで、この光景がとても心に残っています。

ヴィリニュス(リトアニア)

ボーセジュール・アパートメンツ

普通に地元の人たちが住んでいるアパートの一室を貸しているようです。Booking.comで予約をして、その後サイトのシステムに則って、直接家主とやりとりをして鍵をもらいます。リビングキッチン、バスルーム、寝室と、独立した部屋が広くて清潔。メインストリートにも近くて、とても便利な場所でした。

タリン(エストニア)

タウンホール・スクエア・アパートメンツ

北欧っぽいインテリアや内装がおしゃれな、広々としたお部屋が魅力。大きなベッドにソファ、ダイニングテーブルも置かれ、ゆっくりと滞在ができました。旧市街の旧市庁舎のすぐ近くで、街歩きの途中にも簡単にホテルに戻って荷物を置いたり休憩したりできるロケーション。

世界の素敵な
お土産たち

ブハラのハサミだよ！

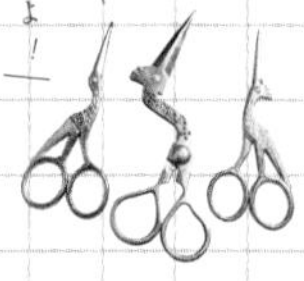

ウズベキスタンは可愛い民芸品の宝庫！

念願のペルシア絨毯！

敷物、布、陶器、洋服、小物入れ、ハサミなど伝統工芸品をこれでもかと、スーツケースに詰め込んで帰りました。

ウラジオストクはパッケージの可愛いものがたくさん

ロシアの青白のグジェリ陶器をはじめ、置物、シャンプー類、実は有名なチョコレートなど。値段もお手頃で嬉しい。

メキシコのハンドメイドもお忘れなく

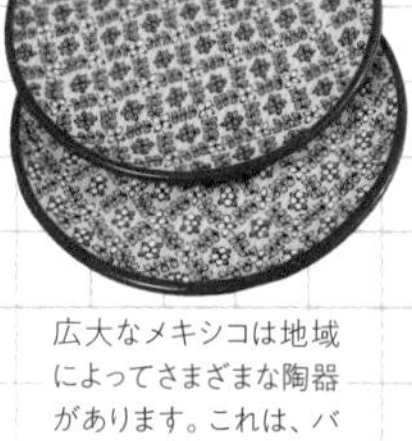

広大なメキシコは地域によってさまざまな陶器があります。これは、バジャドリッドで買ったハンドメイドの花柄紋様のお皿。

チェ・ゲバラの国キューバには男の子の夢もいっぱい

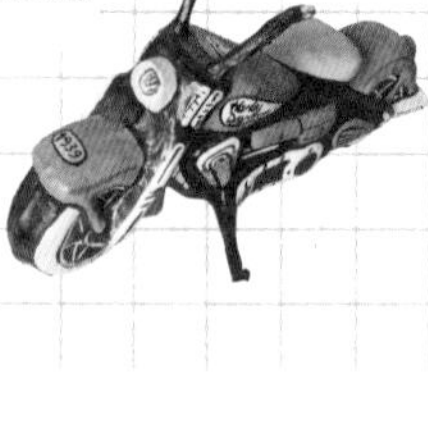

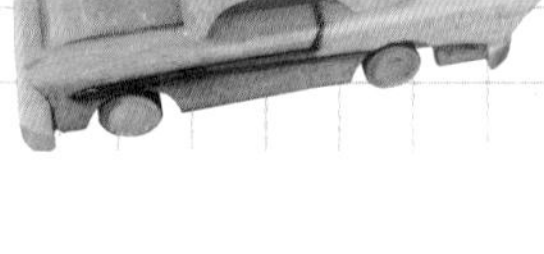

キューバで見かけるクラシックな乗り物は、手作り雑貨でもよく見かけます。男性旅行者も買って帰る人が多いそう。

ギリシャの
美しい光景を
まるごと
お持ち帰り

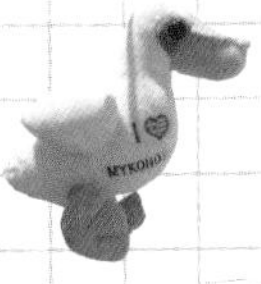

キクラデス諸島の島々は土産物屋が充実しています。美しい街並みを日本でも引き続き楽しみたい！　アクセサリーもギリシャの街に合うステキなものがたくさん。

タイでは
美容グッズを
思う存分ゲット

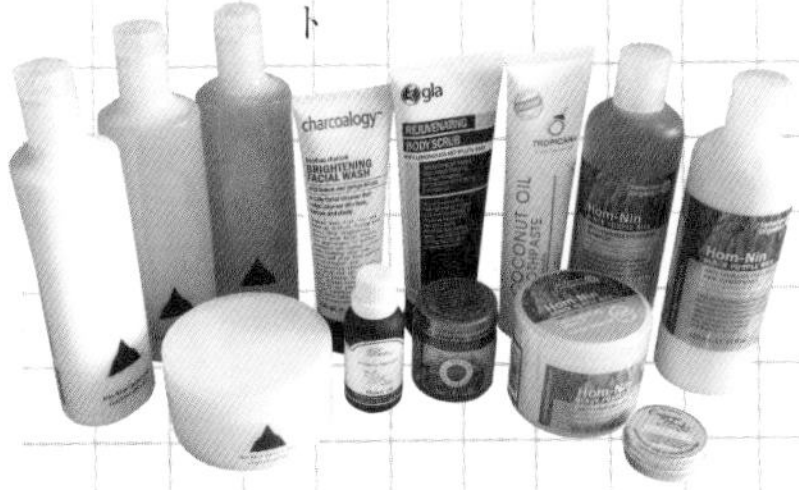

すべてオーガニックのコスメ系プロダクト。モンローズの香り漂うシャンプー類や洗顔料、クレンジング、歯磨き粉、ボディクリームなど日本より安くゲット！

バルト三国には
心惹かれる
グッズがいっぱい

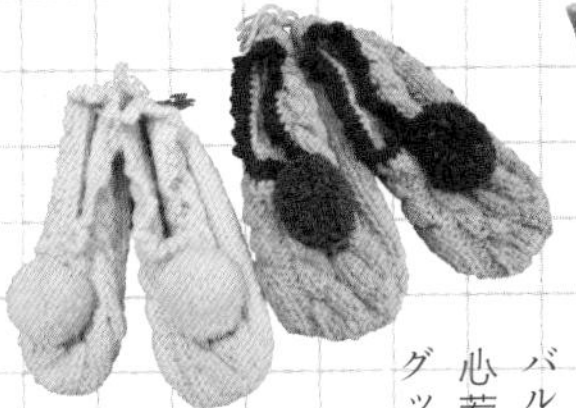
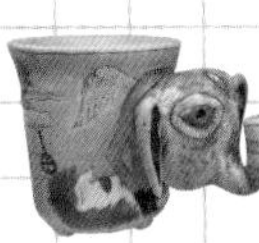

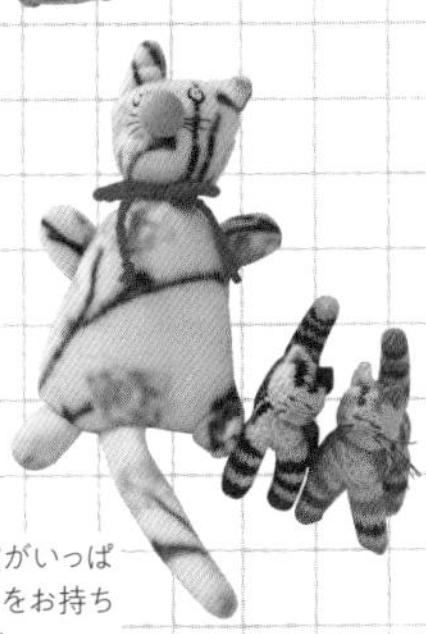

女の子が童心にかえって欲しくなるような雑貨がいっぱいのバルト三国では、「買う！」と決めて一点物をお持ち帰りしました。温もり感のあるALLハンドメイド！

ベトナムでは
安くて可愛いものを

トレッキング中、黒モン族から買ったデザインが独特のポーチ。刺繍の色使いがバリエーション豊かでどれにするか迷う！　これは友人へのお土産にしました。

ポルトガルの
美味しいと可愛いを
一度にゲット

ものすごい種類で、パッケージもアズレージョ柄など心惹かれる缶詰は、ポルトガルの名物土産。2ユーロからと安くて、中身も美味しいのが嬉しい。

旅に終わりはありません。
そのテーマの探求も、尽きることはありません。始まりと終わりを決めるのは、自分自身だからです。
行けば行くほどに、私はいつも「これを知りたい、見たい、感じたい」と思い、その世界の奥深さや広がりに、ただただ驚くばかりで、まったくもって、終わりが見えません。

なぜ旅をするのか?

そう聞かれたときに、ふと思います。

先人はなぜ旅をしてきたのかと。もしかしたら、果てなき大地の先になにがあるのか、ただそれを知りたかっただけかもしれません。

好奇心と探究心。

いま、世界は広いようで、とても身近

に感じられるほど時代は進化をし続けています。旅の仕方も千差万別。一方で、旅の核というものは、永遠に変わらない気がします。

「次は僕たちの故郷においでよ、案内するよ」。台北で先住民料理を食べたとき、ウィランさんに言われて次は、〝先住民の村を訪ねる旅〟をしようと心に決めました。これは、「先住民料理」というテーマの延長線上にある旅です。

大河のごとく、テーマとは、好奇心に満ちた旅人をゆらゆらと大海へと導いてくれるものだと思います。

さあ、あなたはどんな旅をしますか？

心のままに、どうか、良い旅を。

〈著者紹介〉
小林希
1982年生まれ、東京都出身。旅作家。立教大学卒業。29歳のとき勤めていた出版社を退社し、その日の夜から世界放浪の一人旅へ。著書に『恋する旅女、世界をゆく』『旅作家が本気で選ぶ！　週末島旅』『頑張る自分に、ご褒美旅を　週末海外』『大人のアクティビティ！　日本でできる28の夢のような体験』などがある。訪れた国は60ヶ国以上。現在、（一社）日本旅客船協会の船旅アンバサダー。

今こそもっと自由に、気軽に行きたい！
海外テーマ旅
2020年6月10日　第1刷発行

GENTOSHA

著　者　小林 希
発行人　見城 徹
編集人　森下康樹
編集者　羽賀千恵

デザイン　芝晶子（文京図案室）
写真　小林希
著者が写っている写真　自撮り・一緒に旅した友人・現地の人

発行所　株式会社 幻冬舎
〒151-0051 東京都渋谷区千駄ヶ谷4-9-7

電話：03(5411)6211(編集)
03(5411)6222(営業)
振替：00120-8-767643
印刷・製本所：中央精版印刷株式会社

検印廃止

Printed in Japan
ISBN978-4-344-03628-4 C0095
幻冬舎ホームページアドレス　https://www.gentosha.co.jp/

この本に関するご意見・ご感想をメールでお寄せいただく場合は、
comment@gentosha.co.jpまで。